Expérience paranormale en Périgord

DENIS GADY

Expérience paranormale en Périgord

**Nurouna, une humaine
d'un autre genre**

Témoignage

Si vous souhaitez témoigner de votre propre expérience
ou communiquer avec l'auteur :
denisgady.g1adn9@orange.fr

© 2020 Denis Gady

Illustration de couverture : © Denis Gady

Éditions : BOD – Books on Demand
12/14 rond-point des Champs-Élysées, 75008 Paris
Impression : BOD – Books on Demand,
Norderstedt, Allemagne

ISBN : 978-2-32223-569-8

Dépôt légal : juin 2020

*Là où les processus lumineux existent,
l'aveuglement humain n'est pas irrémédiable.*

Nurouna

Au commencement

Un matin du mois de mars 2017, la factrice déposa une grosse enveloppe blanche dans ma boite aux lettres homologuée. L'expéditeur avait écrit très lisiblement au feutre noir mon prénom, mon nom et mon adresse complète mais il n'avait pas jugé utile de mentionner son identité. Rien. Ni au recto ni au verso. De toute évidence, il ne doutait pas que son envoi me parviendrait. Le timbre à date me fournit cependant une information : le courrier avait été posté la veille à Périgueux, préfecture du département de la Dordogne, où je travaillais alors auprès d'élèves en situation de handicap.

Dès que je me saisis de l'enveloppe, son contenu m'intrigua, car j'eus l'impression de palper quelque chose qui ressemblait à un épais dossier, accompagné de divers petits objets, probablement des échantillons publicitaires. Ma curiosité l'emporta. Je m'empressai d'ouvrir ce pli volumineux qui me faisait penser à une pochette-surprise.

Et pour une surprise, c'en fut une !

À l'intérieur se trouvaient un peu plus de trente pages de texte numérotées, deux clés de stockage, ainsi qu'une lettre manuscrite en soi assez déroutante dont voici la teneur :

Monsieur,

Je vous connais, nous nous sommes déjà croisés, mais je ne vous dirai pas qui je suis. Vous en apprendrez très peu à mon sujet, excepté au travers des étonnantes facultés que j'ai été amenée à développer et dont j'entends témoigner.

Sachez que je ne m'adresse pas à vous par hasard. J'apprécie le regard sensible que vous portez sur le monde. Vous tentez de valoriser le Beau où qu'il se trouve, y compris chez l'individu. C'est une approche de l'existence qui me plaît parce qu'elle se veut positive, et donc constructive. Cela me paraît précieux par les temps qui courent...

On m'appelle « Nurouna ». Je suis fille d'immigrés irakiens, ce qui signifie que je suis également une lointaine, très lointaine descendante de la civilisation sumérienne. Vous verrez plus tard que cet élément a peut-être son importance.

J'étais bébé lorsque mes parents, accompagnés de mes deux frères, sont arrivés en France à la fin des années 50. Unis comme les doigts de la main, nous avons emménagé d'abord dans la banlieue de Bordeaux, puis dans le Bergeracois. J'ai eu le bonheur d'aller à l'école de la République. J'ai poursuivi mes études avec succès, j'ai trouvé un emploi, je me suis mariée, puis mon époux et moi-même sommes devenus parents à notre tour.

Je ne vous cache pas qu'après les heures sombres de l'exil et les multiples épreuves auxquelles avaient été confrontés les membres de ma famille, la perspective d'une vie bien ordonnée et paisible m'emplissait de joie. Mais comment aurais-pu prévoir tout ce qui allait se passer ?

Voilà une vingtaine d'années, j'ai bien cru que mon cerveau ne tournait plus rond. C'était étrange : je me sentais la même personne qu'avant mais la plupart de mes perceptions étaient décuplées. Je réfléchissais en ayant une compréhension plus globale, plus universelle des choses. Mon degré de conscience augmentait. Et incroyable constat, j'étais soudain capable d'utiliser un langage, une logique, des raisonnements que je n'avais appris ni lus nulle part à ce stade de mon parcours !

À la stupéfaction de mes proches, je parvins à verbaliser des notions particulièrement complexes. Je me mis à parler de « réseaux vibratoires », de « sphères énergétiques », de « basses et hautes fréquences », de « longueurs d'ondes », de « réalité multidimensionnelle » comme si ce savoir avait été enfoui en moi depuis toujours dans l'attente de conditions favorables pour que je puisse de nouveau l'exprimer.

J'assistais, intriguée mais enchantée, à l'évolution de mon être le plus profond. En revanche, la modification de mes états intérieurs ne résultait absolument pas d'une pseudo-illumination ni d'une quelconque bouffée de génie. L'explication était ailleurs. Cela se situait au niveau des « échanges » entre mon corps physique et le monde extérieur.

Au bout de quelques mois, je finis par comprendre : je fonctionnais de la même manière qu'une « antenne » photosensible. Mes systèmes interagissaient très intensément avec la lumière. Je recevais, je « captais » des informations grâce aux propriétés insoupçonnées des particules expulsées et propagées par notre étoile, le soleil.

De fait, en dépit des hauts cris que poussait mon esprit rationnel, j'étais capable d'avoir une lecture « à distance » de certains événements, de certains lieux ou bien de certains comportements. Oui, à distance, j'insiste là-dessus. À distance non seulement dans l'espace mais aussi dans le temps. Dans un passé récent ou éloigné.

À un rythme accéléré, parfois éprouvant, un chemin d'éveil se dessina en moi. Il guida mes pas en dehors des sentiers battus vers des horizons que la femme un peu effacée que j'étais n'aurait jamais imaginés.

Je fus frappée par une évidence : l'immense famille génétique à laquelle j'appartenais, la famille des humains, ne devait pas se résigner à n'être « que ça », qu'une espèce majoritairement en proie à la faim, à la soif, à l'ignorance, aux maladies et aux injustices chroniques.

Je compris que les informations que je parvenais à décrypter ne m'étaient pas exclusivement réservées. Elles appelaient un partage. Il me fallait les communiquer à tous les gens qui pouvaient en avoir besoin.

Bien au-delà de mon entourage, j'ai donc accepté d'entrer au service du plus grand nombre en organisant de façon bénévole des « cercles de parole » que le simple bouche à oreille a transformé rapidement en une longue chaîne de communication. Et c'est ainsi que mon aventure personnelle a commencé à devenir une belle histoire collective.

Mais cette histoire, je ne peux continuer seule à la raconter, car je dois demeurer dans l'ombre. Le principe de vie et ses obscurs processus me requièrent ailleurs pour des tâches auxquelles j'ai à consacrer toute mon énergie ou, plus exactement, toutes les forces qui me traversent, qui m'animent et dont je ne suis que la transmettrice, le média, le canal médian...

J'ai l'espoir que cette proposition d'ouvrage vous paraîtra digne d'intérêt.

À vous lire,
Fraternellement

Nurouna

Je faillis éclater de rire en criant à la mauvaise farce. Que pouvais-je penser d'un tel courrier ? Si Nurouna existait réellement quelque part, devais-je la considérer comme ma nouvelle muse ? Devais-je m'égarer en son nom dans un univers paranormal ? Devais-je m'en remettre à un discours alchimique ?

En outre, ce projet se situait à des années-lumière des livres que j'avais publiés jusque-là. J'étais un auteur-photographe quasi inconnu à qui il était demandé de se substituer à une parfaite inconnue et dans un domaine qui lui était totalement inconnu ! Je ne voyais vraiment pas par quel prodige j'allais réussir à résoudre cette équation triplement absurde.

Je fis un nœud à mon mouchoir afin de ne pas oublier de remercier chaleureusement ma factrice adorée de ce cadeau empoisonné...

Perplexe, je me décidai à relire la missive. Un détail attira alors mon attention : je n'y décelais aucune forme d'orgueil ni de querelle idéologique. Au contraire, les propos de Nurouna étaient empreints d'empathie. Ils allaient à l'encontre de la litanie d'abominations perpétrées par le tumultueux Homo sapiens – l'Homme de sapience, prétendument l'être de sagesse – depuis des millénaires. Nurouna formulait simplement le souhait de proposer son aide. Elle évoquait un potentiel enfoui dans l'être humain, un potentiel lui permettant de se transcender, de se hisser à une condition plus favorable.

Cette perspective n'était pas pour me déplaire. Je croyais en l'individu. Je plaidais en faveur d'une fraternité citoyenne. Je caressais même encore l'espoir que le progrès pourrait un jour contribuer à faire de la Terre une planète heureuse. Or, en ce début de Vingt-et-Unième siècle, le constat était catastrophique.

Honnêtement, nous, les êtres humains, au sein de quel système démentiel nous débattions-nous ? Notre société avait engendré un monstre, une caricature de cannibalisme économique et politique. Au lieu du bonheur, c'est la souffrance qui flambait en bourse !

Étions-nous donc sourds aux cris du monde ?

La vie n'était-elle qu'une tuerie ?

Que de pulsions d'immaturité au plus profond des entrailles de l'espèce à laquelle nous appartenions !

Était-ce trop demander que tout un chacun eût le droit de vivre dans la dignité ?

Génération après génération, la colère enflait. Des peuples entiers serreraient les dents et les poings. La révolte grondait aux portes des palais dorés. Un arrière-goût d'amères injustices empuantissait l'air pendant qu'à l'horizon s'accumulaient des nuées de sueurs froides. Jusqu'aux rivières qui étaient souillées !

Trop de sang avait été versé, trop d'innocence avait été sacrifiée. La haine avait fini par rougir les galets. Le lit des braises de la guerre... Et durant tout ce temps, on chantait et on dansait sur les tables des succursales militaro-industrielles. On fêtait les bénéfices commerciaux, cette mitraille qui sifflait à tous vents au-dessus des charniers fumants.

À vrai dire, plus j'observais le spectacle de notre génialissime civilisation, plus ses flagrantes incohérences m'explosaient au visage. Quel lamentable gâchis ! Gageons que notre valeureux ancêtre préhistorique – qui avait accompli l'exploit de domestiquer le feu et de s'extirper de la bestialité – s'était forgé des rêves plus élevés ! Le courrier de Nurouna ne pouvait donc que m'interpeller, d'autant qu'il me ramenait à mon propre parcours, notamment à mon enfance qui m'avait ouvert les yeux sur les difficultés de l'existence.

Je suis né à Montluçon, dans l'Allier, mais je n'étais pas plus haut que trois trognons de pomme quand ma mère, mon beau-père, ma sœur et moi avons déménagé pour aller habiter à Nontron, en Dordogne.

Cette sous-préfecture avait été jadis une florissante bourgade médiévale, pavois d'une châtellenie où des maîtres couteliers lui avaient donné ses lettres de noblesse. Elle était restée une cité prospère au cœur d'un vaste bassin ouvrier jusqu'au début des années 70, puis elle avait subi le marasme mondial au lendemain de la crise pétrolière. L'heure de la disgrâce avait sonné.

Au tapis, la gloriole. Aux orties, les fleurs de lys.

Les usines avaient fermé ; l'emploi s'était fait rare. Il avait fallu se disputer le morceau de gras. Mon beau-père s'était donc spécialisé dans un secteur d'activité encore assez dynamique, la plomberie, afin de subvenir aux besoins du foyer qui comptait désormais une bouche supplémentaire à nourrir, celle de mon demi-frère. Il s'était retroussé les manches, avait travaillé à tour de bras durant deux longues années, puis il avait subitement ralenti la cadence, harassé, en panne d'huile de coude à cause de cette satanée morosité ambiante qui ne lui avait pas permis d'amasser tout l'argent qu'il espérait. Rien qu'un maigre octroi. Les gages d'un gueux.

Impossible de prétendre à un peu d'insouciance.

Impossible de voir venir.

La retraite ? Une gageure.

Les clients ne se bousculaient pas ou bien ils réglaient les factures en retard.

Alors, quand la charge était trop lourde, quand la mule était fourbue, mon beau-père allait se rincer le gosier au bar du coin. Le choix délibéré, presque expiatoire, de s'encrasser les artères reléguait aux oubliettes la morne perspective de passer la journée à résoudre des problèmes de calcaire ou de canalisations bouchées.

Le véritable chantier, il ne tenait pas à de vulgaires tuyaux à raccorder entre eux. Le véritable chantier, c'était l'état de la société. Un désastre !

Comment aurais-je pu objectivement reprocher sa désinvolture, puis sa perdition, à mon beau-père ?

Le climat n'avait pas tardé à se gâter. De méchantes bourrasques vineuses avaient ébranlé la maisonnée. Ma mère n'avait pas eu d'autre solution que d'aller quémander quelques heures de ménage auprès des familles les mieux loties du quartier. Vaille que vaille, nous subsistâmes.

Nous vivions le plus souvent au jour le jour, exceptionnellement à la semaine. Nous nous efforcions de nous accommoder de la situation. L'espérance était notre pain blanc. Nous guettions une éventuelle embellie. Des temps meilleurs...

Je n'étais qu'un petit bout d'homme, un nouveau venu dans le troupeau, mais j'avais déjà compris que mes vertes années seraient des années de bois vert. Pas besoin d'être devin pour réaliser que chaque hiver serait un défi de survie, une saison glaciale marquée au fer rouge. En effet, le froid peut rapidement s'avérer un supplice insupportable pour quiconque n'a pas les moyens de se chauffer à son aise.

Ce que nous appréhendions le plus, c'étaient les frimas, car ils nous emprisonnaient dans leur linceul mortifère. Les basses couches de brouillard givrant propageaient leur humidité perfide en s'infiltrant par tous les interstices de la miteuse bâtisse qui nous servait de toit. À croire que le propriétaire avait banni les matériaux isolants de sa déclaration de patrimoine ! Cela ne m'amusait nullement d'aller me coucher en claquant des dents ; ce jeu-là n'était vraiment pas drôle. Je me sentais aussi démuni qu'un ours polaire qui aurait perdu sa fourrure au fond d'un sérac.

Certains soirs, lorsqu'il gelait dehors à pierre fendre, nous recourions à des subterfuges. Nous utilisions soit des bouillottes remplies d'eau du robinet que nous avions portée à ébullition sur la gazinière, soit de gros cailloux que nous déposions révérencieusement sur la plaque supérieure du poêle à mazout de la cuisine avant de les attraper, brûlants, avec un chiffon pour les introduire dans des gants de toilette que nous nous empressions d'enfouir sous nous couvertures, tel un trésor. Technique éprouvée et approuvée sauf quand nous n'avions plus de quoi nous chauffer.

Plus aucun billet froissé sous le matelas ? Plus de bonbonne de butane d'avance ? Plus le moindre litre de fioul dans la cuve ? Nous attrapions une antique marmite en fonte qui était remisée sur une étagère du placard à vaisselle, nous y versions l'équivalent d'un verre d'alcool domestique acheté à bas prix au rayon des produits ménagers, puis nous craquions une allumette que nous approchions lentement du rebord du récipient, juste au niveau des émanations très volatiles. Aussitôt, le feu prenait en émettant un chuintement sourd, comme étouffé, et la flamme bleutée irradiait. Nous nous serrions fiévreusement autour d'elle. Dans ces moments d'extrême dénuement, peu nous importait la toxicité des vapeurs de méthanol. L'essentiel était ailleurs. Nous nous sentions unis. Nous pouvions oublier les turpitudes de l'existence, ou tout au moins faire semblant. Cela nous réchauffait le cœur.

Ah, ceux qui manquent de tout, ils doivent en abattre de la besogne !

Mais je n'en garde aucun ressentiment. Cette rude école de la vie m'a énormément appris. Et parce qu'elles étaient rares, les bonnes choses n'en étaient que plus précieuses.

Je conserve encore intacte en moi, par exemple, la saveur des biscuits croquants dont nous nous goinfrions, ma sœur, mon demi-frère et moi, chaque vendredi soir. Notre mère s'improvisait arbitre, puis à son signal c'était la ruée de nos dix doigts respectifs vers la poche d'un kilo de gâteaux secs qui étaient ronds, carrés ou triangulaires. Avec une dextérité qui aurait mérité d'être brevetée, chacun d'entre nous s'emparait de son butin, l'empilait à côté de sa cuiller et trempait trois ou quatre biscuits à la fois dans son bol de lait tiède copieusement chocolaté, les papilles en émoi. Quelle ventrée ! Nous débordions d'une sorte d'exaltation communicative qui ne réjouissait pas que nous mais aussi notre mère. Enfin, elle riait. Elle était complice de notre compétition gloutonne. Ce repas de substitution hebdomadaire, qui n'était pas très diététique et dont le rituel se perpétuait uniquement chaque fin de semaine parce qu'il n'y avait presque plus rien à manger dans le frigidaire, demeure l'un des souvenirs les plus sucrés de mon enfance.

Alors, est-ce que l'opportunité d'écrire un livre pour apporter un peu de mieux-être à mes semblables était susceptible de m'intéresser ?

Est-ce que je souhaitais partir à la découverte des diverses facultés insoupçonnées de l'être humain ?

Était-ce important à mes yeux qu'Homo sapiens, dont le degré de modernité était à double tranchant, eût en lui une part mutante qui l'amènerait peut-être un jour à évoluer en Homo luminus ?

Oui. Et encore oui.

Mille et une fois « oui » pourvu que l'histoire de Nurouna ne fût pas le conte d'une marchande de sommeil mais bien un authentique encouragement à vivre debout !

L'heure est donc venue de laisser la parole à cette femme qui m'est particulièrement chère aujourd'hui alors qu'elle ne représentait rien pour moi au moment où j'ai ouvert son énigmatique courrier.

Je me suis efforcé de restituer la chronique de son évolution personnelle, date après date, comme s'il s'agissait de son journal intime.

*Il y eut des soirs,
il y eut des matins*

21 juin 2000
Je ne vis vraiment qu'à partir du moment où j'oublie que j'existe.

12 janvier 2001
Comme un appel qui provient du fond du crâne...

1ᵉʳ juillet 2001
Juger, juger, toujours juger : le bien ne se juge pas, il se fait !

17 décembre 2002
Trop de déflagrations partout. Les êtres humains tombent comme des balles en fin de course.

25 février 2003
C'est un soir comme je les aime. L'air respire la terre...

13 avril 2003
Ce regard qui sonde le cosmos pour y capter la lueur des étoiles.

29 juin 2005
Dites-vous bien une chose : sans la force du cœur, comment aurions-nous jamais pu venir à bout de tous ces champs incultes ?

20 septembre 2005
Tu t'enfermes alors qu'il y a un si grand ciel dehors ?

11 juillet 2006
L'Homme se doit d'exister en tant qu'être d'idées plutôt que de pensées.

6 janvier 2007
Vivre : parvenir à fondre l'esprit et le cœur en une âme vibrante.

31 décembre 2007
Ce n'est plus l'heure de plaindre les gens. Il est grand temps de leur proposer une solution.

17 février 2008
Qu'est-ce que l'âme ? Un état d'universalité de l'être quand l'esprit et le cœur coexistent en syntonie.

20 août 2009
Le poète est comme un hibou penché sur ses forêts secrètes. Un hôte enchanté de l'intérieur. Notre planète a besoin de ses poètes...

24 mars 2012
Merci à vous toutes et à vous tous d'être présents. Ne voyez pas en moi une conférencière : je suis simplement très heureuse de pouvoir partager avec vous ce qui m'anime.

Chacun d'entre nous sait à peu près de quoi il est fait ou comment il est construit. En soi, une ossature sert de charpente à un ensemble de matériaux organiques. Nous sommes même nombreux à penser que si nous avons vraiment notre place dans la réalité du monde qui nous entoure, c'est d'abord parce que nous existons en chair et en os.

Une femme ou un homme apparaît donc sous une forme communément admise, celle d'un corps physique.

Ce corps est mobile grâce aux divers éléments d'un « squelette ». Il est articulé. Il vit. Il développe une certaine activité. Et cela n'a échappé à personne qu'il ne pourrait être ce qu'il est sans plusieurs systèmes internes qui fonctionnent tous à l'unisson en tendant à un maximum d'efficacité.

Ces systèmes de base, nous les connaissons en général assez bien, car nous les sollicitons à chaque instant ; nous les éprouvons au quotidien. C'est ainsi que nous avons pu constater qu'ils sont complémentaires et très souvent interdépendants. Ils dépendent les uns des autres et, à notre tour, viscéralement, nous dépendons d'eux.

En effet, que serait le remarquable jeu de construction de notre squelette sans le système musculaire ? Que resterait-il de notre aptitude à la locomotion ? Qu'en serait-il des facultés mécaniques de notre corps ? Qu'adviendrait-il de la station debout si caractéristique de l'espèce humaine ?

Comment notre organisme s'autorégulerait-il sans les échanges qui sont produits par le système cardio-vasculaire et le système respiratoire ?

Par quel miracle notre corps physiologique résisterait-il aux innombrables bactéries, microbes, virus, poisons chimiques et consorts qui sévissent dans notre milieu ambiant s'il n'était pas soutenu par les actions conjuguées de nos systèmes protecteurs, notamment le système immunitaire, le système lymphatique et le système tégumentaire ?

Qu'adviendrait-il de nous si notre organisme était soudain dépourvu de son système digestif, ainsi que de ses fonctions rénales ou urinaires ?

En quels lendemains pourrait croire l'espèce humaine si elle était privée de son ingénieux système reproducteur ?

Et de quelle façon existerions-nous si nos différents centres nerveux, confortés par les messages hormonaux de notre système endocrinien, n'assuraient plus la coordination de tous nos systèmes connexes qui interagissent entre eux et nous permettent d'affirmer que nous sommes bel et bien vivants, ici et maintenant, en pleine possession de nos moyens ?

Notre corps physique constitue donc une structure complexe régie par des systèmes principaux et des systèmes secondaires, organisés en réseaux, qui se révèlent essentiels, indispensables, vitaux.

Mais sommes-nous véritablement dans l'observation exhaustive des choses ? Avons-nous identifié tous les systèmes qui concourent au bon fonctionnement de notre organisme ? Un pan entier de la réalité ne nous échappe-t-il pas ?

Loin des apparences, tentons de découvrir ce que nous sommes à notre insu. Pour ce faire, nous allons avoir besoin d'un outil qui va nous permettre de détecter nos systèmes cachés, ces systèmes dont nous n'avons pas conscience. Cet outil, c'est le pendule.

Qu'est-ce qu'un pendule ? Ce n'est rien d'autre qu'un axe (matérialisé par une chaînette ou un cordon) avec un lest à son extrémité (un petit volume géométrique souvent en bois, en métal ou en pierre).

Où se procurer un pendule ? On en trouve dans la plupart des boutiques de bien-être et de minéraux, ou bien en vente par correspondance. Il y en a pour tous les goûts et à tous les prix. On peut aussi s'en fabriquer un. Ne nous obligeons donc pas à un achat onéreux sous prétexte d'acquérir un instrument mensongèrement magique... Un pendule à quelques euros suffira amplement et fonctionnera à merveille. En revanche, s'il s'agit effectivement d'un premier achat, la règle sera de choisir le pendule qui nous plaira, celui qui nous attirera le plus, parce qu'il sera dès cet instant le prolongement de notre corps. Sans que nous en soyons conscients, notre préférence traduira un phénomène de « résonance » avec la forme, le matériau et les couleurs de ce pendule.

En d'autres termes, notre corps est un monde à part entière, une entité qui est non seulement « vivante » mais « vibrante ».

Cela paraît presque incongru de rappeler que tout vibre. Comment réussissons-nous à ne plus nous en apercevoir ?

Tout vibre non seulement en nous mais jusqu'aux confins de l'univers visible et invisible. Tout vibre depuis la plus infinitésimale particule jusqu'au système le plus astronomique qui gravite au-dessus de nos têtes.

D'ailleurs, nous savons bien que nous vibrons. Nous vibrons pour un oui ou pour un non. Nous vibrons pour elle ou pour lui. Nous vibrons pour un moelleux au chocolat ou pour un ballon qui transperce les filets. Nous vibrons devant un beau paysage ou en écoutant une musique qui nous touche. Et paradoxalement, alors que nous demandons à la vie qu'elle nous fasse vibrer, nous sommes nombreux à continuer de penser que l'usage d'un pendule relève de la sorcellerie. Faut-il y voir la conséquence de nos idées préconçues, de nos fixations mentales, de ce flot de billevesées intellectuelles que nous érigeons en repères sécurisants ?

À ce stade, tentons d'utiliser à bon escient le pendule que nous venons d'acquérir.

Il convient de le tenir par sa chaînette ou son cordon entre le pouce et l'index, à une dizaine de centimètres environ du matériau brut ou poli qui sert de pointe. Cette hauteur n'est qu'indicative mais elle constitue une mesure moyenne de préhension qui permet une excellente maniabilité.

Le bras ne doit pas être complètement tendu mais légèrement replié au niveau de l'articulation du coude selon un angle de quinze à vingt degrés.

Les tests au pendule peuvent être pratiqués par un individu assis ou debout. Néanmoins, le buste doit être droit, les pieds bien à plat sur le sol et les jambes non croisées afin de faciliter la circulation des énergies.

Ces « énergies » correspondent plus exactement à ce que nous appellerons des « informations vibratoires », lesquelles ne sont pas nécessairement de nature électromagnétique.

Au moment d'utiliser notre pendule pour la première fois, nous devons vérifier si l'instrument est capable de restituer fidèlement les informations captées par notre corps. Il pourra le faire au moyen d'un code simple, tel qu'un mouvement de rotation vers la droite dans le cas d'une indication positive ou vers la gauche dans le cas d'une indication négative.

Cela signifie que le pendule tournera dans le sens des aiguilles d'une montre pour « répondre oui » à une question, et dans l'autre sens pour « répondre non ». Comment est-ce possible ?

À vrai dire, le pendule n'est que le « transmetteur » des informations qui émanent de notre « antenne » corporelle. Il témoigne de quelque chose que nous ne percevons pas ou que très partiellement. Il vibre dans le prolongement de nous-mêmes. Il sert de relais aux flux d'information qui transitent par notre canal sensible. Par conséquent, nous ne parlerons pas d'une « convention » établie entre le pendule et nous mais davantage d'une « connexion ».

Concrètement, lors du test initial, nous impulserons un petit mouvement d'avant en arrière (ou nord-sud) au pendule tout en formulant clairement une question du style :

- Suis-je un être humain de sexe féminin ? Si la réponse est « oui », merci de tourner vers la droite. Si la réponse est « non », rotation vers la gauche.

Dans les secondes qui suivront, le pendule se mettra à « girer ». Il tournera avec une certaine amplitude vers la droite (sens dextrogyre) ou vers la gauche (sens sénestrogyre). Bien évidemment, à l'issue de cette initialisation, nous observerons la cohérence de la réponse. Si jamais le pendule venait à hésiter ou à « résister » (indication énergétique signalant que notre esprit « analytique » court-circuite sciemment l'information), nous recommencerions plusieurs fois en formulant non seulement la question mais également la réponse jusqu'au moment où le matériau du pendule finirait par s'accorder avec la « fréquence » de notre corps.

Il faut savoir que l'usage quotidien du pendule contribuera à maintenir l'état constant de cette fréquence. Cela nous aidera à échapper à l'emprise de nos « logiciels mentaux » ou de nos émotions excessives qui ont tendance à « parasiter » notre lucidité, ainsi que le véritable décryptage de notre existence.

De plus, à chaque nouveau test, à chaque nouvelle utilisation, lorsque nous formulerons une question (accompagnée ou non du léger balancement avant-arrière qui contribue à la rotation rapide de l'outil), nous prendrons soin de ne pas fixer le pendule des yeux. Pourquoi ? Parce que leur pouvoir magnétique est puissant. Il suffit d'essayer pour en avoir la preuve. On peut très facilement forcer le pendule à tourner dans un sens ou dans un autre rien qu'en le fixant.

Nos pensées ne sont pas que du vent à l'intérieur de notre boite crânienne. Chacune d'entre elles est une information, une forme dynamique, un segment d'énergie. Quand nous fixons le pendule avec la volonté délibérée de le faire tourner dans un sens précis, notre système cérébral émet cette information, puis nos yeux via le nerf optique la canalisent et l'orientent vers l'objet qui est entrainé par ce courant, cet influx... Cependant, le regard ne fait qu'accélérer et qu'amplifier le processus, car nous pouvons aussi faire tourner le pendule les yeux fermés, rien que par la force de la pensée, c'est-à-dire par l'énergie qu'elle mobilise sous forme d'ondes.

Il conviendra donc d'adopter une méthode de travail dépourvue d'ambigüité.

Au départ, nous ne fixerons pas le pendule. Nous ne nous intéresserons à sa réaction qu'au bout de quelques secondes lorsque nous aurons perçu qu'il tourne avec fluidité de la gauche vers la droite ou de la droite vers la gauche. Dans ces conditions, il deviendra vite notre meilleur compagnon de progression. Il nous ouvrira de formidables perspectives.

Faisons un test.

Tenons le pendule à quelques centimètres à la verticale de la paume de notre seconde main, celle qui est vacante et dont nous garderons les doigts bien droits et écartés. Que constatons-nous ? Le pendule se met à tourner dans un sens, de plus en plus vite, comme en proie à un petit tourbillon.

Arrêtons la démonstration, puis présentons l'autre côté de notre main libre, le dessus, en ayant les doigts toujours bien écartés et tendus. Amenons le pendule à quelques centimètres à la verticale, approximativement dans l'axe du tourbillon que nous avons détecté précédemment au centre de notre paume. Cette fois-ci, que se passe-t-il ? Le pendule est entraîné de nouveau dans un mouvement circulaire mais de sens opposé. Le tourbillon est inversé comme si cela indiquait, d'un côté, une entrée et, de l'autre, une sortie.

Nous avons déjà là de quoi être étonnés. Nous venons de découvrir que sur la face interne et externe de la main humaine, il existe un système de vortex qui renvoie directement à une circulation d'énergie, c'est indéniable, dans la mesure où tout modèle tourbillonnaire engendre un effet dynamique, depuis l'eau à l'entrée du siphon d'un évier jusqu'aux galaxies spirales.

Comparable à une figure en forme de cône, ce système produit de la célérité entre ses deux extrémités. Il est conçu comme une succession de cercles (qui sont en fait des ondes) ou une superposition d'anneaux allant du plus large au plus étroit. Plus la quantité d'énergie ou de matière du premier cercle est entraînée vers les cercles inférieurs de diamètre moindre, plus elle est condensée et gravite rapidement autour de l'axe central.

De cette façon, les courants ou les flux parviennent à se mouvoir ; ils deviennent même des générateurs d'énergie à travers la géométrie variable du tourbillon. Ils se propagent, se font et se défont sans cesse. Ils créent des réactions en chaîne ondulatoires.

En résumé, un système tourbillonnaire n'est rien de moins qu'un accélérateur de particules !

Maintenant, nous allons de nouveau nous saisir de notre pendule tout en l'approchant de notre seconde main que nous ne disposerons plus cette fois-ci la paume ou le dos vers le haut mais en position latérale comme si nous tendions la main à quelqu'un. Ainsi, le pouce relevé et les doigts dépliés, *les deux vortex centraux et inversés de notre main se présenteront suivant un axe horizontal*.

En amenant lentement le pendule à proximité de la paume de notre main tendue, nous constatons qu'il se met certes à tourner mais dans le sens opposé à celui qu'il avait indiqué au début du test. Cela vient du fait que, dès qu'il entre en contact avec les ondes tourbillonnaires de notre paume, il part dans un mouvement comparable à une éjection. Logique, non ? Assujetti à son propre axe (la chaînette ou le cordon) qui se trouve être vertical, notre pendule ne peut que se mettre à tourner dans le sens contraire du vortex, car les ondes concentriques vont le repousser vers l'extérieur en lui donnant cette impulsion.

Continuons de déplacer lentement le pendule vers le centre de notre paume. En avançant ou en reculant un peu par rapport à l'axe du vortex, nous parvenons à deviner là où commence et où s'arrête le « bord » du tourbillon grâce au pendule qui soit tourne, soit s'immobilise. La forme et les limites du vortex apparaissent, dévoilant cet aspect conique qui s'accompagne d'un rayonnement.

Si nous le souhaitons, nous pouvons nous amuser à compléter ce test en refaisant l'expérience du côté du dos de notre main et non plus de notre paume.

Il ressort donc de ces quelques observations que notre main (gauche ou droite), cette main qui a été d'une importance capitale depuis la nuit des temps pour permettre l'adaptation et l'évolution de l'espèce humaine, ne se veut pas qu'un outil organique fonctionnant dans le prolongement du cerveau. Elle est dotée de ce que nous définirons comme un « Système Énergétique Tourbillonnaire » (un S.E.T.), lequel se compose d'une sphère échangeuse (la structure interne qui sert d'unité centrale et qui est circonscrite à notre maillage cellulaire, en l'occurrence ici les tissus de notre main) et de deux vortex opposés, reliés par un axe, chacun ayant un sens de rotation inversé.

Nous pouvons nous représenter un S.E.T. comme une sorte de sablier interactif ou de circuit énergétique. Au passage, nous ne manquerons pas de noter que cela ressemble étrangement à une lemniscate, symbole mathématique de l'infini.

Ne nous arrêtons pas en si bon chemin et livrons-nous à un nouveau test au pendule...

Afin de dissiper tout malentendu ou toute suspicion d'erreur, nous allons avoir recours à deux outils supplémentaires que nous allons créer et qui vont être les *garants de la neutralité des informations transmises par notre pendule.*

Sur deux feuilles de papier, totalement blanches et sans carreaux, nous tracerons séparément deux cadrans hémisphériques. Le premier sera un cadran de réponse négative ou positive (dans la moitié gauche du cadran, on écrira « NON ou FAUX », puis dans la moitié droite « OUI ou VRAI »), tandis que le second sera un cadran de proportion (avec une graduation de 10 en 10 et allant de 0 à 100 %).

Ensuite, nous nous munirons de notre pendule en le tenant correctement. Nous amènerons (à hauteur raisonnable) la pointe de celui-ci à la verticale du point central de la base de notre cadran. Ce dernier devra être disposé bien à plat sur notre plan de travail, de préférence par-dessus une large feuille de couleur noire (papier à dessin ou autre) qui atténuera le rayonnement des diverses ondes environnantes (de source électromagnétique, lumineuse, morphique, etc.).

D'un léger mouvement de nos doigts et de notre poignet, nous allons imprimer un va-et-vient rectiligne (nord-sud) au pendule qui va donc se balancer en suivant l'axe central du cadran.

Simultanément, sans fixer des yeux le pendule mais en regardant droit devant nous, nous allons formuler notre question soit en silence dans notre tête, soit de vive voix.

Au bout de quelques instants, notre pendule va « répondre » ; il va changer d'axe. Puis en captant le rayonnement des inscriptions, des courbes et des lignes du cadran, il va aller se caler sur une des valeurs indiquées, et il va s'y maintenir tout en continuant de se balancer ou en se mettant à tourner de plus en plus vite.

Nous aurons alors notre information et nous pourrons regarder.

Les questions pour lesquelles nous allons faire appel au cadran du OUI et du NON sont les suivantes :
- Le vortex de la paume de ma main gauche tourne-t-il dans le sens dextrogyre (de la gauche vers la droite) ?
- Le vortex du dos de ma main gauche tourne-t-il dans le sens sénestrogyre (de la droite vers la gauche) ?
- Le vortex de la paume de ma main gauche tourne-t-il dans le sens sénestrogyre (de la droite vers la gauche) ?
- Le vortex du dos de ma main gauche tourne-t-il dans le sens dextrogyre (de la gauche vers la droite) ?
Nous noterons les réponses sur une feuille, nous les confronterons (elles ne devront pas être contradictoires), puis nous procèderons de la même manière au sujet de notre main droite.

La prochaine étape va nous permettre d'affiner les informations obtenues. Comment ? En poussant plus avant nos investigations grâce au cadran des pourcentages.

Nouvelle série de questions :
- Dans quelle proportion le vortex de la paume de ma main gauche contribue-t-il au bon fonctionnement (mécanique et physiologique) de ma main ?
- Dans quelle proportion le vortex du dos de ma main gauche contribue-t-il au bon fonctionnement (mécanique et physiologique) de ma main ?
- Dans quelle proportion les résultats sont-ils identiques en ce qui concerne ma main gauche ?
- Dans quelle proportion tout le Système Énergétique Tourbillonnaire de ma main gauche (incluant le vortex du dos de ma main, la sphère échangeuse et le vortex de

la paume de ma main) contribue-t-il au bon fonctionnement (mécanique et physiologique) de ma main ?

- Dans quelle proportion tout le S.E.T. de ma main droite contribue-t-il au bon fonctionnement (mécanique et physiologique) de ma main ?

- Dans quelle proportion les S.E.T. que j'ai détectés au niveau de mes deux mains contribuent-ils au bon fonctionnement des systèmes physiologiques de l'ensemble de mon corps ?

- Dans quelle proportion chacun des S.E.T. que j'ai détectés est-il relié (via sa sphère échangeuse) à un plus vaste système d'énergie alimentant tout mon corps ?

- Dans quelle proportion les deux vortex inversés d'un même S.E.T. constituent-ils une entrée et une sortie d'informations vibratoires échangées à travers tout le corps ?

Si je ne m'abuse, les réponses commencent à être lourdes de sens... Quand bien même nos différents tests nous paraîtraient fastidieux, ne négligeons surtout pas de relever précieusement tous ces résultats. D'autant que le meilleur reste à venir !

De fait, nous avons cerné deux systèmes de vortex inversés. Mais comme nous pouvons nous en douter, il en existe beaucoup d'autres. Combien notre corps en compte-t-il réellement ? Où sont-ils localisés ?

Au lieu de tester à l'aide du pendule chaque centimètre carré de notre corps, ce qui nécessiterait de travailler en binôme par souci d'efficacité, nous dresserons la liste des éléments constitutifs du corps humain (les différents membres, les différents organes, les différentes vertèbres, les différentes articulations et le squelette), puis nous procéderons à nos investigations en utilisant d'une manière méthodique le cadran du OUI et du NON.

À l'issue de ces recherches, nous pourrons constater que nous possédons une multitude de Systèmes Énergétiques Tourbillonnaires et qu'ils n'ont pas tous la même amplitude à en croire notre pendule qui a manifesté de nombreuses fluctuations tout au long des tests. Observation essentielle ! Nous pourrons le vérifier pour tel ou tel tourbillon en effectuant de nouveaux tests cette fois-ci au plus près du corps et en observant les diverses variations de rotation du pendule.

Trois degrés d'amplitude se détachent qui nous conduisent à distinguer trois types de S.E.T., à savoir les Systèmes Énergétiques Tourbillonnaires « principaux », les Systèmes Énergétiques Tourbillonnaires « secondaires », et enfin la catégorie des « microsystèmes ».

À la base, chaque être humain adulte totalise sept S.E.T. principaux (sur lesquels nous allons revenir un peu plus loin), une quarantaine de S.E.T. secondaires, et environ dix fois plus de microsystèmes. Ces chiffres découlent des informations captées par mon « antenne » énergétique et, bien sûr, ils n'engagent que moi.

J'ajouterai que l'opération qui consiste à détecter les Systèmes Énergétiques Tourbillonnaires en interaction avec notre corps organique se traduit instantanément par une dynamisation desdits systèmes. Et là, nous avons de quoi nous réjouir, car c'est en soi plutôt une bonne nouvelle...

Très précisément, nous allons chercher à savoir si notre état énergétique général s'est amélioré après que nous ayons effectué les divers tests précédents. Cela ne signifie pas pour autant que nous nous sentons plus *euphoriques ou plus excités mais que nos systèmes physiologiques fonctionnent mieux, qu'ils sont plus performants et plus complémentaires les uns des autres parce que les énergies circulent davantage entre eux.*

Nous aurons besoin d'un troisième cadran hémisphérique qui va nous permettre d'introduire la notion fondamentale de « taux vibratoire ». De quoi s'agit-il ? D'une échelle de valeur indiquant l'état énergétique d'un objet ou d'un sujet quel qu'il soit (une chose, une pierre, une plante, un animal, une personne, un événement, un lieu, etc.) selon la faculté des divers systèmes qui le composent à fonctionner ensemble de façon plus ou moins harmonieuse.

Moins les systèmes sont soumis à des dysfonctionnements, à des interférences, à des sources parasites (d'ordre pathologique, émotionnel, mental, physico-chimique, géologique, atmosphérique, gravitationnel, cosmique ou autre), plus le taux vibratoire est élevé.

En outre, les variations de notre taux vibratoire se traduisent par des modulations de fréquence de notre corps, lequel est bien comparable à une antenne radio. Nous devons comprendre que les réseaux vibratoires sont présents partout et qu'ils influent sur tout. Chacun d'entre nous vibre comme un émetteur-récepteur au gré des informations reçues, de leur nature, et de l'usage que nous en faisons.

Magique ? Non, énergétique !

Nous allons avoir l'occasion de nous en convaincre grâce au cadran du taux vibratoire qui va nous permettre de vérifier l'état d'équilibre de nos systèmes.

Ce cadran aura la forme habituelle d'un demi-cercle mais sans graduation ni unité de mesure, et il sera découpé en trois parts égales correspondant chacune à une tendance indicative du taux vibratoire. Ce cadran sera donc très facile à lire ; il simplifiera notre analyse des informations.

Une fois que nous l'aurons dessiné, ainsi que ses trois portions, nous écrirons à l'intérieur de la portion de gauche :

TAUX VIBRATOIRE INSUFFISANT (basses fréquences)

À l'intérieur de la portion centrale :

TAUX VIBRATOIRE SATISFAISANT (fréquences moyennes)

À l'intérieur de la portion de droite :

TAUX VIBRATOIRE ÉPANOUISSANT (hautes fréquences)

Juste avant d'aborder notre nouvelle série de questions à l'aide du pendule (lequel s'alignera sur telle ou telle portion en guise de réponse), faisons un petit récapitulatif.

Les tests précédents nous ont confirmé que notre corps physique compte de nombreux vortex énergétiques qui sont organisés en systèmes d'échange parmi lesquels nous sommes supposés en avoir détecté sept de plus forte amplitude que les autres. À savoir :

- Le S.E.T. principal numéro 1 situé au niveau de l'entrejambe et des organes génitaux (un seul vortex d'axe vertical dans le sens terre-ciel)

- Le S.E.T. principal numéro 2 situé à cinq centimètres environ au-dessous du nombril (deux vortex d'axe horizontal et de sens opposé, l'un à l'avant et l'autre à l'arrière du corps)

- Le S.E.T. principal numéro 3 situé au niveau du plexus solaire *(deux vortex d'axe horizontal et de sens opposé, l'un à l'avant et l'autre à l'arrière du corps)*
- Le S.E.T. principal numéro 4 situé au centre de la poitrine *(deux vortex d'axe horizontal et de sens opposé, l'un à l'avant et l'autre à l'arrière du corps)*
- Le S.E.T. principal numéro 5 situé au niveau du larynx *(deux vortex d'axe horizontal et de sens opposé, l'un à l'avant et l'autre à l'arrière du corps)*
- Le S.E.T. principal numéro 6 situé légèrement au-dessous du centre du front *(deux vortex d'axe horizontal et de sens opposé, l'un à l'avant et l'autre à l'arrière du corps)*
- Le S.E.T. principal numéro 7 situé au sommet du crâne *(un seul vortex d'axe vertical dans le sens ciel-terre)*

Nos tests vont maintenant révéler s'il existe ou non une relation de cause à effet entre l'amplification énergétique de ces systèmes (à la suite de leur détection au pendule) et une hypothétique réharmonisation vibratoire de tout notre être (pouvant se traduire par un ressenti positif).

Première question :

- *Quelle était la tendance du taux vibratoire de l'être humain que j'étais juste avant de commencer les tests de dépistage de mes Systèmes Énergétiques Tourbillonnaires ?*

Nous donnerons une infime impulsion avant-arrière au pendule dont nous aurons d'abord placé l'extrémité à quelques centimètres au-dessus du point de convergence des trois portions, le point central de la base du cadran. Puis nous le laisserons s'orienter vers les basses, les moyennes ou les hautes fréquences.

Deuxième question :
- *Quelle est désormais la tendance du taux vibratoire de l'être humain que je suis après avoir réussi à détecter bon nombre de mes Systèmes Énergétiques Tourbillonnaires ?*

Ensuite, nous utiliserons le cadran des pourcentages.
Troisième question :
- *Dans quelle proportion mon état global s'est-il amélioré à l'issue des séries de tests que je viens de réaliser ?*
Quatrième question :
- *Dans quelle proportion les réponses aux trois questions qui précèdent sont-elles justes et n'ont donc pas été dictées par mon mental ?*

Nous constaterons que notre taux vibratoire s'est décalé vers les hautes fréquences au fil de tous nos tests. Nous en déduirons qu'il est non seulement fluctuant mais que ses variations peuvent s'effectuer assez rapidement, et que les Systèmes Énergétiques Tourbillonnaires jouent un rôle déterminant dans ce processus.

Soulignons encore un élément des plus troublants : le contenu de la première question nous ramène à une situation qui appartient au passé.

En testant la tendance du taux vibratoire que nous avions avant de commencer l'inventaire de nos divers vortex, nous revenons plusieurs minutes en arrière, voire davantage. Nous avons donc accès à des informations qui perdurent au-delà même des événements, c'est-à-dire au-delà même du temps et de l'espace.

Comment nous est-il possible d'obtenir des informations sur ce qui n'est plus, sur ce qui est révolu ?

Que se passe-t-il exactement quand nous nous servons du pendule pour interroger notre corps ? Ce dernier ne serait-il pas seulement la somme de plusieurs systèmes physiologiques ? Combinerait-il aussi diverses fonctions permettant de « sauvegarder » des données ?

Chacun d'entre nous abriterait-il un savoir caché ?

Nous n'en sommes qu'au début de nos découvertes, et peut-être de notre émerveillement...

30 mars 2012

Tout est en tout.

L'infiniment grand est à l'image de l'infiniment petit. Et inversement.

L'individu est un microcosme qui doit d'abord apprendre à bien se connaitre avant de prétendre être en accord avec le macrocosme.

Ne nous leurrons pas : l'univers n'échappe pas à son lot d'interférences et de désordres.

9 avril 2012

C'est quand nous acceptons de ne pas obtenir facilement ce qui nous sécuriserait le plus que nous sommes susceptibles d'affronter nos peurs et nos limitations afin de découvrir nos potentialités cachées.

Chacun de nous est comme un jeune enfant qui ne doit pas craindre le déséquilibre s'il veut apprendre à marcher. Tiendra-t-il debout ou tombera-t-il ? C'est en faisant un pas dans l'inconnu qu'il pourra évaluer ses véritables forces. S'il n'essaie pas, c'est-à-dire s'il refuse d'y croire, jamais il ne quittera son berceau. Jamais il ne grandira vraiment.

10 avril 2012

Il est essentiel de dire ce que l'on fait et de faire ce que l'on dit, avec la volonté de le faire et tout l'amour pour le faire.

Lorsque l'individu finit par se perdre dans le labyrinthe de ses questionnements existentiels, il devrait se dire que peut importe ce qu'il fait et où il le fait à partir du moment où il agit de façon positive en mobilisant ses plus hautes motivations. Ce faisant, il se connecte à une source de hautes fréquences.

19 avril 2012

La lumière n'est que pure énergie. Quelle aubaine !
C'est la clé en or du processus de vie.

24 avril 2012

En définitive, on n'est rien. Ni surtout personne.
Et pourtant, on est capable de se relier à tout.
On est l'une des milliards de milliards de milliards de milliards de cellules d'un gigantesque organisme universel.
Il appartient à chaque être humain d'essayer d'accorder ses vibrations avec les lois fondamentales qui régissent les flux interplanétaires.

8 mai 2012

Merci à vous toutes et à vous tous de nous permettre ce nouveau moment de partage. Et je souhaite la bienvenue à celles et ceux qui nous rejoignent aujourd'hui pour la première fois. C'est une grande joie de les accueillir.
Tiens, à propos, si nous parlions de bonheur ?
Être heureux.

Goûter le temps. Se sentir bien. Jouir de ses droits et s'acquitter sereinement de ses devoirs. Bâtir pierre après pierre l'avenir. Avoir la sensation de réussir sa vie. Exister pleinement.

N'est-ce pas ce à quoi aspire la majorité d'entre nous ?

Nous ne sommes pas les plus mal lotis, nous, les êtres humains, les représentants du genre Homo sapiens, l'Homme savant des temps modernes. Par comparaison, le caillou, l'arbre et aussi le vieux singe passé maître dans l'art de faire la grimace auraient de quoi être jaloux. Nous disposons de la raison, de l'intelligence, de la conscience et... de l'amour. Quel apanage ! Que pourrions-nous demander de plus ?

En dépit des éléments de convergence que nous avons notamment avec certaines espèces du règne animal, nous sommes dotés de qualités distinctives, c'est indiscutable.

Mais qu'en faisons-nous ? À quel degré les développons-nous ?

Afin d'en avoir une idée peut-être un peu plus précise, oublions un instant le règne du Vivant et observons les choses sous un angle différent.

Prenons l'exemple d'un caillou. Vous en conviendrez, lorsqu'il se trouve par terre, à sa place, immobile, figé dans son inertie, il est en soi inoffensif...

De la même manière, un arbre ne ferait pas de mal à une mouche.

Mais il suffit qu'une force extérieure s'empare de l'arbre ou du caillou pour que chacun ait soudain une fonction radicalement différente. L'un et l'autre peuvent se transformer en armes redoutables. Ils peuvent blesser, heurter, briser, déchiqueter, écraser, fracasser. Ils peuvent tuer.

Que sont-ils cependant à l'échelle de notre planète ? Rien. Et à l'échelle de notre système solaire ? Moins que rien. Quant à ce qu'ils pèsent à l'échelle de l'univers tout entier... Néanmoins, qu'ils viennent à se rajouter aux tonnes de matériaux emportés par un glissement de terrain, un raz-de-marée ou une tornade, on ne les considèrera plus comme une quantité négligeable.

L'être humain est pareil à ce galet noyé dans la masse ou à ce chêne caché dans la forêt. Il dépend du milieu dans lequel il vit ; il dépend du système auquel il est lié ou qui lui est supérieur, qui le domine.

De cette manière, que cela nous plaise ou non, nous vivons quotidiennement sous influence.

Quelque part, nous sommes soumis. Oui, soumis aux informations extérieures, aux courants d'énergie, aux tendances positives ou négatives. Nous sommes inclus dans un ensemble de facteurs qui influent sur nous. Nous sommes interconnectés en permanence.

Toutefois, si notre condition nous ramène par certains côtés à celle d'un arbre ou d'un caillou, si elle nous rappelle que nous ne sommes pas si éloignés que cela des autres règnes et donc que notre prétention à nous croire les rois du monde n'est que fol égarement, nous ne pouvons enlever à Homo sapiens sa singularité : la conscience. Bien davantage que la bipédie, que le volume de sa boite crânienne ou que ses facultés d'expression telles que le langage, l'écriture et les arts, si nous devions suspendre un diadème à son front, ce serait assurément celui-ci.

En effet, comment l'être humain saurait-il être véritablement heureux si cette inestimable gemme ne brillait pas un peu en lui afin d'éclairer ses joies et ses peines, ses certitudes et ses doutes, ses espérances et ses renoncements ? Comment ne succomberait-il pas à ses illusions si cette pierre précieuse ne présidait pas à la réalité de ses jours et de ses nuits ? Comment réussirait-il à s'émanciper ? Comment définirait-il sa légitimité à vivre libre ? À quel perpétuel naufrage vouerait-il la frêle embarcation de son existence ?

La conscience, c'est l'étincelle, c'est la source d'éveil.

Un arbre ou un caillou, entre les mains de l'Homme, cela peut conduire au meilleur comme au pire.

Qu'est-ce qui fait la différence sinon le degré d'éveil de l'individu ?

N'oublions pas qu'à l'instant où nous parlons, il y a quelque part, plus ou moins loin de nos yeux mais non de notre conscience, des enfants, des femmes et des hommes qui sont molestés, lapidés à coup de mots cinglants, de poings ou de cailloux tachés de sang. N'oublions pas qu'il y a des populations en haillons qui meurent sous des tonnerres d'indifférence.

Pourquoi Homo sapiens se comporte-t-il de la sorte ? Comment expliquer la véhémence de ses pensées ? Pourquoi cède-t-il aussi souvent à l'excessivité, à la fureur, à la prédation, à la jouissance de faire souffrir, au plaisir de détruire ? Pourquoi confond-il si communément « sévices » avec « services » ? Au nom de qui ou de quoi s'ingénie-t-il à maintenir les rêves de bonheur de l'Humanité au-dessous du zéro absolu ? Comment peut-il en arriver à constituer une menace pour lui-même ? Comment peut-il immoler ses propres perspectives d'avenir sur l'autel de ses délires ?

Nombreux sont ceux qui accordent à l'Homme l'excuse de sa jeunesse, de son immaturité. Certes, à l'échelle des ères géologiques, l'âge de l'espèce humaine est très relatif. Mais nous ne pouvons nous contenter d'un tel argument. A-t-on jamais vu un arbrisseau s'emparer d'une tronçonneuse pour couper à la racine toute la forêt de ses semblables ? Alors pourquoi Homo sapiens – l'Homme sage, l'Homme censé savoir – serait-il autorisé à le faire ? Cet être qui se glorifie de communier avec Dieu n'est-il pas plus affuté qu'une buche ? Pourquoi ses intérêts personnels prévalent-ils sur l'intérêt collectif ? Pourquoi ses quelques onces de bon sens n'enrichissent-elles pas son cœur ?

En aucun cas, nous ne saurions y voir une vulgaire erreur de jeunesse. Arrêtons de nous raconter des histoires. Arrêtons de nous laisser berner par la fausse tolérance des bonimenteurs. Ce miel-là n'est rien que du fiel. Ouvrons-nous davantage à notre pleine conscience. Cessons d'être des spectateurs du pire. Ayons envie d'être les acteurs heureux de nos lendemains. Objectivement, la réalité peut devenir tout autre. Nous pouvons découvrir qui nous sommes véritablement. N'avons-nous pas déjà fait un pas de géant en expérimentant que notre corps ne se résume pas à un agencement de systèmes organiques ? Cette structure s'accompagne d'un réseau énergétique dont l'une des spécificités est d'être le vecteur d'informations encodées, des informations qui perdurent, qui demeurent actives au-delà de l'espace-temps.

Nous retiendrons que tout système global ou tout ensemble de sous-systèmes, qu'il soit solide, liquide, gazeux ou vibratoire, produit des formes d'énergie, émet des informations que nous, les humains, êtres vivants et *vibrants, « antennes » cognitives et sensorielles, sommes capables de percevoir puis de décrypter.*

Aussi la matière, qui constitue par elle-même un état d'extrême densité, n'est-elle pas plus inerte que muette. Un arbre, un caillou, au même titre qu'un muscle ou qu'un os, sert de support à un abondant matériel d'information que sous-tendent de multiples échanges au niveau de la dimension infiniment petite des atomes, des particules et des ondes.

À présent, alors que nous nous tenons à la lisière d'un nouvel univers, entre le visible et l'invisible, évitons de céder au vertige. Prenons du recul.

La structure des Systèmes Énergétiques Tourbillonnaires n'est pas fortuite. On pourrait même dire qu'elle constitue un poncif de l'univers. Elle reproduit un modèle géométrique qui illustre parfaitement le processus d'évolution et d'involution de la vie, un modèle de cônes inversés.

Sur un axe imaginaire, symbolisant l'axe de l'existence, le premier cône va s'élargissant : c'est la phase d'évolution ou d'expansion. Puis le second cône lui succède, lequel va rétrécissant : c'est la phase d'involution ou de récession. Et ainsi de suite. Le cycle se répète, se reproduit en tissant la chaîne d'une incarnation humaine. Une alternance de périodes significatives.

La sagesse populaire ne clame-t-elle pas que la vie est faite de hauts et de bas ?

Par analogie, ce modèle est adaptable à un grand nombre d'états et de situations tout en sachant que les périodes d'évolution et d'involution sont rarement d'une durée égale, et qu'elles sont partagées elles-mêmes la plupart du temps en sous-périodes irrégulières, chacune des phases pouvant succéder à la suivante à un rythme plus ou moins accéléré.

Ce processus nous fait donc passer par des phases de croissance et de décroissance, de développement et de déclin, d'épanouissement et de dépérissement, d'augmentation et de réduction, de dilatation et de contraction, d'inspiration et d'expiration ; un tel schéma est totalement inscrit dans notre quotidien et ne peut qu'évoquer des cas concrets, y compris sur le plan physiologique.

Mais continuons à élargir le champ de nos observations : à l'origine, presque au commencement du néant, en un lieu très probablement multidimensionnel qui n'était pas encore un univers en devenir, là où il n'y avait ni jour ni nuit, ni ombre ni lumière, il y eut subitement le déclenchement d'une réaction en chaîne à partir d'un volume de pure énergie, un concentré d'information d'une densité phénoménale qui allait engendrer l'émission tous azimuts de puissants flux de particules. Cette source primordiale s'est transformée en un faisceau de courants d'énergie ; elle s'est propagée telle une onde de choc en combinant chaleur et célérité. Ce fut le début de la phase d'expansion, celle qui allait disperser les informations et faire que le volume initial se déploie, crée l'espace puis le temps, agence le cosmos et favorise la création de mondes de matière régulés à distance par des cycles en résonance les uns avec les autres.

Depuis cet âge immémorial (que la science ramène à un intervalle compris entre quatorze et seize milliards d'années), l'univers n'a cessé d'être en expansion. Depuis cette infime fraction de rien qui contenait pourtant déjà tout, les cônes d'énergie n'ont cessé d'être amplifiés, y compris à travers le système matière-antimatière, formidable matrice de recyclage. Et si les plus éminents théoriciens se disputent la paternité de la suite plus ou moins catastrophique du scénario (l'expansion étant assimilée par certains à une inflation qui aurait quasiment atteint son seuil critique), pourquoi ne pas nous en tenir à la réponse que nous avons sous les yeux, là, ici-bas ? Le décryptage du processus de vie révèle que le cycle naturel passe par l'alternance entre une phase d'expansion et une phase de récession, cette dernière correspondant à une phase de contraction relative mais conséquente dans le cas de notre univers. Idéalement, une telle réaction offre l'avantage d'entraîner une « redensification » des matériaux, ainsi qu'une « réintensification » des ressources énergétiques.

Expansion (avec consommation exhaustive de tout le potentiel énergétique, quels que soient ses états), puis récession (avec réduction des systèmes qui sont ramenés à un point focal d'énergie).

Amplification progressive du signal, puis diminution plus ou moins lente de celui-ci.

Jeunesse et vieillesse.

Vie et mort.

Combustion et extinction.

Passage d'un état à un autre.

Mutation.

Puis le cycle se relance, le processus se perpétue.

La tendance s'inverse.

Les informations sont redistribuées.

Il y a une redynamisation.

Le printemps succède à l'hiver.

Cela équivaut à une renaissance.
C'est l'essence de vie dont l'écho grandit de nouveau.
Régénération.

À mon heure primale, moi, le futur être humain en chair et en os, la future incarnation de plusieurs systèmes efficients, de plusieurs systèmes intelligents, que suis-je d'autre sinon une graine issue de ce cycle ?

Dans le corps d'une maman, à partir de deux éléments distincts mais encodés génétiquement que sont l'ovule et le spermatozoïde, naît une cellule microscopique qui va enclencher une première phase d'expansion. Puis environ neuf mois plus tard, il s'en suivra la séquence de contraction. Le bébé va quitter un monde, le milieu intra-utérin, pour renaitre à un autre. Au sortir du ventre rebondi, et après que le vagin de la femme se soit ouvert démesurément comme la corolle d'une magnifique fleur, une seconde phase d'expansion va débuter de plus belle afin de permettre l'épanouissement de l'enfant. Puis le temps sera venu de faire l'expérience de l'âge adulte, entrecoupé de périodes plus ou moins fastes (évolutives et involutives) avant que se profile l'automne de l'existence, une saison de vie qui se traduira pour l'individu soit par une phase d'optimisme, soit par une phase de pessimisme selon son degré de philosophie et son état de santé. Évolution, involution.

Mais la mort physique qui survient tôt ou tard est-elle en soi une fin ferme et définitive, une porte qui claque à tout jamais ?

La fin d'un certain état énergétique dans une dimension déterminée signifie-t-elle qu'il n'y a aucun après, aucun au-delà ?

La vie naît-elle du vide pour ne retourner qu'au vide ?

La vie ne laisse-t-elle derrière elle qu'un segment d'espace-temps qui n'aura été finalement que du vide ?

Sincèrement, il me semble encore une fois que le calendrier de notre humble existence nous fournit de précieux indices...

Nous suivons le rythme des saisons, nous suivons l'alternance des lunes montantes et descendantes, nous suivons les variations de nos systèmes physiologiques, nous suivons les fluctuations de la société, nous suivons les aléas de notre carrière professionnelle, nous suivons la courbe ascendante de nos jeunes années et la trajectoire déclinante de nos pas fatigués. Et que dire de toutes les anciennes civilisations qui ont atteint leur apogée avant de péricliter !

Nous sommes comparables aux étoiles : nous naissons (phase d'activation et de transmutation de tous les processus), nous développons notre rayonnement (phase d'expansion que permettent les interactions entre tous les systèmes énergétiques), puis nous réduisons notre dispersion (phase de diminution et d'extinction d'un état donné) avant d'être happés entièrement par un processus d'annihilation et de redistribution. C'est le cycle, lequel s'accompagne de la notion de continuité grâce au principe du « recyclage ». C'est le cercle de matière traversé par la flèche du temps. Le continuum.

Chaque sous-cycle entraîne un autre sous-cycle, puis un autre, et encore un autre. Associés, ils finissent par constituer un cycle complet qui, à son tour, active un nouveau cycle avec ses sous-cycles. Cette alternance génère une dynamique. Les cycles engendrent un système séquentiel : chaque séquence crée une suite de liaisons avec les autres séquences, et ainsi l'information peut circuler.

N'oublions pas que tout communique.

En dépit des apparences, en dépit des forces qui s'opposent entre elles, en dépit des tensions qui s'exercent, en dépit des combats entre le négatif et le positif, en dépit du meilleur et du pire, l'univers est conçu comme un grand Tout. Il a une trame, et cette trame, c'est l'unité.

Toutes les énergies sont réinvesties et redistribuées. Tout ramène au modèle originel, à la première déflagration, à la première vague d'ondes dont nous sommes une forme d'écho depuis hier et probablement à jamais.

Nous et toutes les formes de matière et de vie qui existent, nous et les milliards de galaxies, nous sommes les très lointains échos de ce paroxysme initial.

L'information est inscrite et elle se répercute.

Et chaque segment d'information, aussi insignifiant soit-il, possède sa propre signature, sa propre trace avec son écho qui perdure sous une forme rémanente et à laquelle il est possible d'avoir accès.

À titre d'exemple, une antenne parabolique ou un télescope capte les informations qui se trouvent ailleurs et qui appartiennent au passé étant donné la distance qui sépare la source (émettrice) de l'observateur (récepteur). Ces informations lointaines – dans l'espace ou dans le temps – sont inhérentes à une multitude de réseaux, d'événements et de systèmes. C'est de cette manière que ces bribes d'information sont lisibles ou visibles, et cela n'étonne plus personne de nos jours. Alors, pourquoi l'être humain ne serait-il pas capable d'obtenir des informations sur ce qui est révolu parmi les innombrables échanges vibratoires qui l'environnent ?

Le corps physique n'est pas qu'un sac d'os ; il est l'équivalent d'une interface sensible permettant d'être connecté à ce que les Anciens appelaient la « Nature ». En d'autres termes, le corps réagit comme un caisson de résonance. Il est soumis à des flux d'information extérieurs, lesquels sont ensuite répercutés tout au long de ses systèmes internes.

Par ailleurs, si l'on prélève un échantillon de tissu cellulaire et qu'on l'observe au microscope, on découvre une constellation de petits mondes. Chaque cellule rappelle une planète habitable... On trouve le noyau entouré du cytoplasme que circonscrit la membrane. Voici notre Terre avec son propre noyau, son manteau et son écorce ! Cette cellule est même dotée de tout un système biochimique qui reste continuellement actif et qui fait intervenir des « récepteurs » (certaines protéines), ainsi que des « médiateurs » (principalement des hormones et des neuropeptides).

Notre organisme est bâti à l'image du cosmos. Il en est un modèle réduit. Une fraction.

Mais la comparaison ne s'arrête pas là !

Considérons notre système solaire qui se meut dans l'espace. Les planètes gravitent autour de notre étoile. Elles sont elles-mêmes en rotation (sur leur axe respectif) et accompagnées d'un ou de plusieurs satellites naturels qui sont eux-mêmes en mouvement. Au final, qu'évoque cette vaste mécanique céleste très bien réglée ? Sans hésitation, cela rappelle la savante agitation de chacun de nos atomes avec son noyau et les électrons qui orbitent autour de lui.

Correspondance sur tous les plans.
Application du schéma.
Réplique de l'information.

Cette information, quelle qu'elle soit, est donnée au départ. Puis elle est propagée grâce à un processus d'expansion, ce qui permet de la retrouver sous diverses formes à différentes échelles.

Si l'on préfère, on retrouve l'image de cette information, et beaucoup d'autres images déformées de celle-ci, sur les cercles successifs des cônes inversés, lesquels sont structurés en réseaux de diffusion. À chaque niveau d'un vortex, à chaque plan d'une spirale d'énergie, l'information est conservée tout en étant retransmise.

Cela nous ramène à un modèle de tourbillons reliés entre eux, tous interconnectés. Ou encore, cela nous ramène à un système ondulatoire au sein duquel les vortex inversés, fonctionnant bout à bout, engendrent une succession de signaux que nous pouvons nous représenter comme une vague, c'est-à-dire comme une courbe sinusoïdale. Une vague succède à une autre en matérialisant l'onde qui se propage.

Dès lors, nous ne croyons pas si bien dire quand nous nous exclamons : « La vie, quel tourbillon ! » Nous sommes dans l'entonnoir de l'incarnation, emportés par le courant aspirant du processus de transfert de toutes les informations de notre réalité quotidienne.

N'oublions pas que mon propos est d'essayer d'aider chacun d'entre nous à prendre conscience qu'Homo sapiens est un être évolutif, un être multiple, un être qui a développé certaines tendances par le passé sous l'influence de divers facteurs mais qui est aussi pleinement capable de choisir son orientation future, sa destinée, en se révélant à lui-même ou, plus précisément, à cet autre lui-même qu'est Homo luminus. Concrètement, comment peut-il y parvenir ? En découvrant ses facultés latentes et en les mettant en pratique au quotidien.

C'est en nous posant des questions sur notre sort et sur notre véritable condition humaine que nous pourrons avancer de façon constructive, individuellement et collectivement. D'où les tests auxquels nous nous livrons qui constituent de petits ateliers supposés piquer notre curiosité.

Nous allons donc reprendre notre pendule. Mais auparavant, nous n'omettrons pas de procéder à son « déparasitage », car des informations issues de nos précédentes recherches peuvent avoir perturbé ses propriétés vibratoires. Qu'il soit en bois, en métal ou en pierre, nous effectuerons sa « réharmonisation ». Et cette étape est d'autant plus importante qu'elle va offrir à chacun d'entre nous l'opportunité de commencer à « travailler » avec ces formidables outils que sont les particules de lumière. Nous utiliserons notamment des protocoles de visualisation.

Tout d'abord, je préconiserai deux méthodes, mais avec une nette préférence pour la seconde parce qu'elle contribuera à renforcer la connexion entre l'expérimentateur et son pendule.

Première option, nous pourrons choisir de laisser le pendule exposé en plein soleil durant trois à quatre heures sur un support neutre (par exemple une feuille de papier noire) et loin de tout appareil électroménager ou numérique. Ce sont les hautes fréquences de la lumière naturelle qui sont requises et rien d'autre.

Deuxième option, nous tiendrons notre pendule comme d'habitude, nous fermerons les yeux, puis nous visualiserons un large rayon de lumière dorée qui entrera en nous par le haut de notre crâne (à l'emplacement du vortex de notre septième S.E.T. principal), qui se diffusera progressivement à l'intérieur de notre tête, qui imprégnera chacun de nos organes en continuant de se propager et aussi d'irradier par nos mains en direction du sol. Nous conserverons cette circulation d'énergie durant une bonne dizaine de minutes comme si une cascade de couleur or se déversait en nous et s'infiltrait dans la terre par la plante de nos pieds. Ensuite, nous inverserons le flux. Nous visualiserons la lumière en train de remonter par nos membres inférieurs, par l'axe de nos principaux Systèmes Énergétiques Tourbillonnaires (du numéro 1 au numéro 7), puis par le sommet de notre tête. Quand le rayon de particules se sera estompé dans notre esprit, nous rouvrirons les yeux. Ainsi, notre pendule et notre corps se retrouveront reliés ensemble par de hautes fréquences grâce à la lumière dorée et à sa longueur d'onde spécifique.

La couleur or compte parmi ses propriétés vibratoires celle de pouvoir neutraliser les énergies négatives et, par corrélation, de pouvoir déparasiter les systèmes porteurs. Elle constitue donc un outil majeur.

Poursuivons maintenant nos investigations en nous munissant du cadran du OUI et du NON.

Questions à formuler distinctement :
- Nos S.E.T. sont-ils complémentaires ?
- Nos S.E.T. forment-ils l'équivalent d'une « grille » ou d'un « maillage » vibratoire dont la fonction maîtresse est de favoriser la transmission des informations

énergétiques d'un bout à l'autre de notre corps physique ?

- *Combien de temps nos systèmes physiologiques et nos organes pourraient-ils fonctionner sans les S.E.T. et les nombreux échanges que ces derniers produisent ? Plusieurs minutes ?*
- *Plusieurs heures ?*
- *Plusieurs jours ?*
- *Plusieurs semaines ?*
- *Chacun de nos organes, ainsi que chacun de nos systèmes physiologiques, possède-t-il sa propre fréquence de fonctionnement ?*
- *Le taux vibratoire de notre corps physique constitue-t-il la valeur moyenne de toutes ces diverses fréquences ?*
- *Nos S.E.T. peuvent-ils servir de « portails » vibratoires à des informations qui nous concernent et qui appartiennent à telle ou telle époque ?*
- *(...) au présent ?*
- *(...) au passé récent ?*
- *(...) au passé éloigné ?*
- *(...) au proche avenir ?*
- *(...) au futur lointain ?*
- *Nos S.E.T. peuvent-ils également permettre de capter des informations sur des états ou des situations qui ne nous concernent pas personnellement (faits historiques, événements d'actualité, énergies d'un lieu, danger imminent, bien-être d'un individu, composition d'un sol, etc.) ?*
- *Les S.E.T. sont-ils de nature électromagnétique ?*
- *Les S.E.T. peuvent-ils être perturbés ou parasités par des rayonnements d'ordre électromagnétique ?*

- Les S.E.T. fonctionnent-ils grâce à certaines propriétés vibratoires de la lumière naturelle qui restent à ce jour largement méconnues ?

- Le corps physique de l'être humain est-il son unique corps énergétique ?

- L'être humain résulte-t-il de la combinaison de plusieurs corps interactifs, depuis le corps le plus dense (le corps physique) jusqu'au corps le plus élevé sur le plan vibratoire ?

- L'être humain constitue-t-il un être multidimensionnel ?

- Homo sapiens est-il relié naturellement à la lumière ?

- Homo sapiens possède-t-il en lui les aptitudes à se servir avec discernement de certaines propriétés de la lumière ?

- Homo sapiens est-il capable d'avoir accès à d'autres centres d'information que son seul cerveau ?

- Chaque être humain, chaque Homo sapiens en puissance, porte-t-il potentiellement en lui un Homo luminus ?

À l'issue de ces tests, nous changerons de cadran pour déterminer la tendance de notre taux vibratoire. Nous n'oublierons pas de noter le résultat, car il nous sera utile un peu plus tard. Puis les pieds bien à plat sur le sol, les yeux clos, nous visualiserons de nouveau un large rayon de lumière dorée qui entrera et se diffusera en nous par le S.E.T. principal situé au sommet de notre crâne.

Au fur et à mesure de la propagation de cette onde de particules lumineuses, nous tenterons de visualiser le plus possible de S.E.T. parmi les systèmes principaux, secondaires et les microsystèmes que nous avons réussi à *détecter précédemment ; nous nous les représenterons en train de recevoir puis d'émettre de la lumière couleur or, et ce en continu tant que le rayon doré n'aura pas terminé de circuler de haut en bas à l'intérieur de notre corps physique.*

Une fois qu'il aura atteint la plante de nos pieds, nous laisserons ce rayon de lumière s'évacuer sans interruption dans le sol. Nous maintiendrons la visualisation de ce flux de haute fréquence en y associant « à rebours » des séquences de notre existence : visualisation du rayon à balayage doré qui éclaire nos souvenirs, qui illumine les événements heureux ou malheureux qui ont façonné notre quotidien, qui met en lumière les scènes qui nous ont « impressionnés », qui ont imprimé leurs informations en nous, qui nous ont marqués durablement.

Le rayon nous aidera à « rembobiner le film ». Il nous ramènera petit à petit, séquence après séquence, jusqu'à notre enfance, peut-être même jusqu'à des bribes d'émotion remontant à notre naissance ou à nos dernières semaines fœtales.

Si nous y parvenons, nous continuerons à nous laisser entrainer par le rayon de lumière qui poursuivra son exploration. Nous essaierons d'aller encore un tantinet plus loin en imaginant les particules dorées entrer en contact avec la cellule primale, la « graine », puis se confondre avec l'information originelle de notre incarnation, c'est-à-dire avec notre segment d'énergie directement relié au principe de vie.

Par conséquent, portés par la lumière, débarrassés de nos peurs, nous aurons la belle et louable intention de communiquer avec tout ce qui existe « avant » : avant même le plus infime matériel génétique, avant même l'A.D.N., avant même les systèmes d'encodage qui sont actifs dans le spermatozoïde « élu » et dans l'ovule « fécondé », respectivement la « clé » et la « serrure » du dispositif.

Au terme de cette longue visualisation qui équivaudra à une profonde introspection, doublée d'une réharmonisation par la lumière, nous cesserons de diriger le faisceau de particules vers notre passé ; nous le ferons revenir graduellement au présent, ici et maintenant. Nous le « verrons » (et à l'usage nous pourrons même le « ressentir ») regagner les plans supérieurs en partant de nos pieds et en rejoignant le dessus de notre tête via le maximum de Systèmes Énergétiques Tourbillonnaires. Nous pourrons alors rouvrir les yeux.

Quelques minutes plus tard, munis du bon cadran, nous referons le test de notre tendance vibratoire. Si nous en avons l'opportunité, nous ne nous priverons pas de travailler en doublon avec un membre de notre entourage afin de nous permettre de vérifier le résultat. Que devrions-nous constater ? Une franche évolution ! Notre taux vibratoire devrait avoir bondi significativement vers les hautes fréquences, voire les très hautes fréquences.

Puis au cours des quarante-huit heures suivantes, nous observerons attentivement en nous et autour de nous tout ce qui sera différent, inhabituel, surprenant. Des changements se produiront vraisemblablement au niveau de nos émotions, de nos rêves, de nos sensations, de nos raisonnements, de nos relations tant familiales que professionnelles et sociales. Autrement dit, dans la plupart des domaines de notre vie...

Il en ressortira que, à l'aune de certains protocoles de base, les particules ou les corpuscules composant la lumière peuvent être les déclencheurs de réactions dynamiques au sein de nos systèmes avec des répercussions quasi immédiates sur nos états intérieurs et sur notre place au sein de la société. Même avec peu de moyens, et à notre petite échelle, nous pouvons donc influer sur le cours de notre quotidien. Nous avons la faculté de créer, modestement mais sûrement, une autre réalité.

À quels mondes secrets notre corps physique est-il connecté ? Les réponses à nos tests précédents ont commencé à nous mettre sur la voie...

11 mai 2012
La connaissance ramène à toute la dimension intuitive de l'être.

15 mai 2012
L'être humain existe fondamentalement dans le but de réussir à trouver son ancrage. Son défi consiste donc à accorder les tendances énergétiques qui sont en lui et ainsi à vivre pleinement ici-bas, sur le plan de la matière.

16 mai 2012
Se relier au grand Tout. Recréer l'unité primordiale. Cesser de subir de perpétuels états de séparation.

22 mai 2012
De quelle manière peut-on connaître son véritable chemin de vie ? L'une des solutions consiste à étudier attentivement le processus d'incarnation.

Au départ, il y a ce que, dans certains milieux, on appelle « l'âme ». L'entité d'information originelle de chaque individu. La matrice énergétique de chaque être.

Cette entité, dans une configuration particulière, va quitter son plan vibratoire de très haute fréquence pour intégrer la dimension matérielle sous la forme d'un corps de chair en devenir.

Au fil des mois et des années, l'être humain va vivre des situations et développer des relations qui seront les prolongements des informations initiales avec lesquelles il s'est incarné mais aussi à partir desquelles il a été orienté vers sa famille terrestre.

Lors des multiples incarnations précédentes, l'entité énergétique (l'âme de cet individu) avait déjà connu des évolutions ; elle avait déjà tissé de forts réseaux de connexion avec d'autres entités humaines qui, elles-mêmes, avaient été actives dans tel ou tel domaine.

Dans l'incarnation présente, chacun peut donc être amené à revivre au contact de gens fréquentés dans une autre vie, des gens qui n'avaient pas les mêmes fonctions et qui n'appartenaient pas obligatoirement à la même tranche d'âge. Amis ou ennemis. Femmes ou hommes. Parents ou amants...

Inévitablement, les informations mémorielles (les « mémoires ») que porte en lui chaque individu vont générer des situations qui seront en résonance (positive ou négative) avec elles. Beaucoup plus rarement, l'individu goûtera une existence neutre et harmonieuse dans la durée.

Quelle part ces mémoires individuelles, collectives et transgénérationnelles représentent-elles ?

Quelle est la proportion d'antériorité à l'origine de la trajectoire d'un être humain ?

L'influence qui s'exerce, et donc qui se traduit par une forme de déterminisme (et parfois même de prédestination), est au bas mot de l'ordre de quatre-vingts pour cent tant que les situations-tests, les épreuves ou les souffrances, n'ont pas suscité les prises de conscience suffisantes pour stopper ce conditionnement.

Conditionnement réducteur de la condition humaine !

Les vicissitudes de l'existence, dont le schéma est souvent identique et répétitif (« cyclique »), finissent par mettre en évidence la relation de cause à effet qui existe à tous les niveaux du comportement de l'individu.

C'est la loi de causalité.

Chaque acte posé est suivi de conséquences, négatives ou positives.

C'est l'une des lois majeures de l'incarnation.

C'est aussi l'une des lois qui servent de piliers à l'univers.

Chaque élément est en soi le déclencheur potentiel d'une réaction en chaîne.

La trajectoire d'une personne est identique. Mais par bonheur, cette personne possède certaines facultés conscientes.

Son degré de conscience peut lui permettre de décrypter les événements qui se produisent dans sa vie. Cela peut l'aider à moins subir. Cela peut l'aider à sortir de ses fonctionnements de victime. Cela peut éclairer son chemin.

Quand cette phase d'éveil est enclenchée, la personne commence à savoir qui elle est réellement, à quoi elle sert et où elle souhaite aller dans l'espace-temps qui lui est imparti.

30 mai 2012

Je vous remercie du fond du cœur de nous avoir rejoints aussi nombreux. Aujourd'hui, chacun d'entre nous va tenter d'explorer ses mondes intérieurs...

Les tests précédents ont démontré que, parallèlement à nos organes et à nos divers systèmes physiologiques, une multitude de Systèmes Énergétiques Tourbillonnaires prodiguent leurs bienfaits à notre corps.

Nous avons également pu mettre en évidence que la visualisation de particules de lumière suffit à faire réagir positivement les S.E.T. et à améliorer le taux vibratoire d'une personne.

Il faut savoir que la lumière naturelle présente les caractéristiques d'une onde produite par ces fameuses particules qui portent le nom de « photons » selon la terminologie scientifique. Leur célérité est environ de 300 000 kilomètres par seconde, ce qui est proprement sidérant !

Le processus photonique s'avère assez complexe, car il entraîne la manifestation de phénomènes électromagnétiques alors qu'il n'en est pas un lui-même. Au stade actuel des explications communément admises, les photons sont définis à la fois comme des phénomènes corpusculaires (porteurs d'énergies quantifiables) et des phénomènes vibratoires (vecteurs d'informations infiniment subtiles). Il en ressort donc que les particules de lumière seraient en même temps « corpuscules » et « ondes ». Avec ces grains subatomiques, nous nous trouvons là au carrefour des dimensions...

En revanche, la technique qui s'est imposée à nous, celle de la visualisation, est assez simple et elle a le mérite de montrer de quoi sont capables nos systèmes énergétiques.

Au moment où nous visualisons le rayon de particules lumineuses (associées ou non à la longueur d'onde de la couleur dorée), nous émettons une information très précise par l'intermédiaire de notre cerveau mais aussi de tous nos systèmes énergétiques, y compris nos S.E.T., ce qui permet (via notre sphère vibratoire) de nous relier aux photons environnants (ou tout au moins à leurs émissions énergétiques), puis de réduire leur dispersion en les canalisant. Instantanément, l'information se diffuse ; elle est transmise d'une particule à l'autre. Elle s'organise en réseaux.

Nos visualisations de lumière ne sont donc pas que des formes mentales ou virtuelles. Elles mobilisent réellement les particules au travers de notre « antenne » corporelle, laquelle constitue notre pôle émetteur et récepteur.

Par ailleurs, nous avons eu l'occasion de vérifier qu'il existe un réseau diffus de connexions tout entier chargé de transmettre les informations d'un S.E.T. à un autre. Ce « chevelu » de circuits énergétiques est essentiel : il sert de régulateur. Il propage les flux à la fréquence appropriée, c'est-à-dire après avoir procédé à la modulation de celle-ci afin qu'elle soit bien adaptée aux systèmes ou aux organes concernés.

Parmi tous les S.E.T. de notre corps, il y en a sept qui se distinguent par leur forte amplitude. Le centre de chacun d'entre eux, en l'occurrence sa sphère échangeuse, se trouve à l'intérieur de notre organisme, aligné sur un axe vertical qui partage l'individu en deux moitiés symétriques.

Comment pourrions-nous appeler ces principaux Systèmes Énergétiques Tourbillonnaires afin de les identifier aisément ?

Bien sûr, nous pourrions utiliser les termes empruntés à telle ou telle philosophie, occidentale ou orientale, mais il nous paraît beaucoup plus simple de définir chaque S.E.T. par sa localisation.

Le S.E.T. numéro 1 serait le S.E.T. génital.
Le S.E.T. numéro 2, le S.E.T. intestinal.
Le numéro 3, le S.E.T. abdominal.
Le numéro 4, le S.E.T. thoracique.
Le numéro 5, le S.E.T. laryngien.
Le numéro 6, le S.E.T. cérébro-endocrinien.
Et le numéro 7, le S.E.T. cérébro-rachidien.

Observons maintenant d'un peu plus près les effets bénéfiques de la lumière naturelle sur notre corps. Pour y parvenir, nous allons poursuivre notre série de tests en nous servant du pendule et, dans un premier temps, du cadran de tendance du taux vibratoire puis, dans un deuxième temps, de celui des proportions (exprimées en pourcentage).

Notre question type sera la suivante :
- Quelle est la tendance du taux vibratoire du « poumon gauche » (par exemple...) de l'être humain que je suis ici et maintenant ?

Au-dessus du cadran, le pendule indiquera un taux insuffisant, satisfaisant ou épanouissant.

Ensuite, la seconde question type sera :

- Dans quelle proportion la lumière naturelle est-elle indispensable au fonctionnement durable et sain de l'organe ou du système concerné ?

Le pendule s'orientera vers l'une des valeurs en pourcentage du cadran.

Nous noterons les résultats (dans un tableau à trois colonnes ou autre) et réitérerons les questions pour le poumon droit, le cœur, le foie, la vésicule biliaire, la rate, le pancréas, le rein gauche, le rein droit, l'œsophage, les glandes surrénales, l'estomac, l'intestin grêle, le gros intestin, la thyroïde, l'épiphyse, l'hypophyse, l'hémisphère cérébral gauche, l'hémisphère cérébral droit, l'ensemble du squelette, tout le système musculaire, tout le système cardiovasculaire, tout le système respiratoire, tout le système tégumentaire, tout le système immunitaire, tout le système lymphatique, tout le système urinaire, tout le système digestif, tout le système oculaire, tout le système reproducteur, tout le système endocrinien et tout le système nerveux. Des tests fastidieux mais très instructifs ! D'aucuns révéleront que l'incidence de la lumière est réelle et systématique.

Nous enchaînerons par un nouvel exercice de visualisation qui devrait se traduire par une dynamisation de notre sphère énergétique.

Debout, les bras le long du corps et les pieds bien à plat sur le sol, chacun d'entre nous fermera les yeux, puis il s'imaginera immobile au centre d'une grosse bulle constituée d'une membrane fine et souple, transparente, perméable à l'air. Un peu plus haut que son S.E.T. cérébro-rachidien (le numéro 7), il visualisera un rayon de particules dorées qui transpercera sans dommage la surface de la bulle pour se diffuser en lui de façon continue. Ce flux aura une trajectoire descendante et rectiligne jusqu'à la sphère échangeuse du S.E.T. numéro 6 (cérébro-endocrinien), puis jusqu'à celle du numéro 5 (laryngien) et celle enfin du numéro 4 (thoracique). À ce carrefour, le rayon se scindera en deux jets distincts de telle sorte que les particules s'évacueront sur un plan horizontal simultanément par le cône avant (au centre de la poitrine) et par le cône arrière (approximativement entre les omoplates) du Système Énergétique Tourbillonnaire. Elles ne s'éparpilleront pas mais au contraire s'organiseront dans les limites de la bulle ; elles tisseront une structure en perpétuel mouvement comme si elles n'avaient de cesse de se diriger vers les autres S.E.T. principaux pour entrer et ressortir à un endroit ou à un autre du corps physique.

Dès que nous nous sentirons à notre place, au cœur de cette dense circulation de courants lumineux (rappelant l'intérieur d'un électro-aimant ou d'une bobine conductrice), nous formulerons une requête particulièrement consciente, du style :

« Je suis heureux(se) de me relier à vous, les particules de lumière de haute et juste fréquence, pour vous demander de m'aider à rétablir rapidement mais en douceur l'équilibre entre mes organes et les divers systèmes de mon corps physique ; je vous le demande dans le respect de mon bien-être et de celui de mes proches, ainsi que dans le respect de l'ordre universel, merci. »

Nous exprimerons cette intention le plus calmement et le plus sincèrement possible durant une dizaine de minutes, tout en continuant à visualiser le tourbillon des flux de photons.

Concrètement, que se passera-t-il ?

La formulation consciente du contenu de notre demande sollicitera une forme d'énergie à la fois électrique et vibratoire qui sera produite par notre cerveau. Ces ondes cérébrales, chargées d'information, seront relayées et amplifiées par les réseaux interactifs de nos S.E.T., ce qui permettra à notre « antenne » corporelle de se relier aux particules de lumière en leur transmettant les informations. Cet encodage, ce cryptage énergétique, sera porteur de très hautes fréquences (celles des photons) à destination d'un ou de plusieurs de nos systèmes organiques accusant des dysfonctionnements. Il s'en suivra une phase de redynamisation pouvant se traduire par des résultats assez spectaculaires.

Pour terminer, nous visualiserons les flux d'énergie en train de remonter en une unique colonne (par l'axe central des S.E.T. 4, 5, 6 et 7) jusqu'à l'ouverture supérieure pratiquée dans la membrane de la sphère. Puis une fois que les particules auront été éjectées à l'extérieur, nous rouvrirons les yeux et nous reprendrons notre pendule avec nos deux cadrans afin de recalculer la tendance vibratoire de tous nos organes et systèmes dans le même ordre qu'au début de nos tests. Sans surprise, dans une large proportion, nous constaterons une amélioration.

Or, si l'être humain dispose de la faculté de se relier intentionnellement à la lumière naturelle, s'il dispose de la faculté d'être réceptif à l'énergie des photons et à certaines de leurs propriétés, s'il dispose de la faculté de transmettre des informations à ces particules hyper-dynamiques tout en influant sur leur dispersion, nous pouvons raisonnablement être optimistes. L'avenir nous réserve des moissons d'espoir...

Ce que je veux dire, c'est que là où les processus lumineux existent, l'aveuglement humain n'est pas irrémédiable.

C'est à chacun de faire des choix dans la mesure de ses moyens. C'est à chacun de tenter d'y voir plus clair. Et c'est aussi à chacun d'accepter d'avancer à son rythme. Sans se culpabiliser. Sans s'en vouloir de ne pas faire assez bien. Sans s'autoflageller ni se mettre dans la peau d'une victime.

Il est nécessaire de se donner du temps, car tous ces phénomènes exigent beaucoup d'intériorisation de notre part. Il faut prendre le temps de comprendre et d'intégrer les informations. Aussi, habituons notre esprit à s'ouvrir peu à peu à d'autres réalités. Continuons d'éveiller notre curiosité.

Nous allons à présent essayer de lever le voile sur ce que dissimulent les interactions entre notre corps de matière (l'individu en chair et en os) et les flux d'information de basses ou de hautes fréquences qu'il canalise. Bien que nous ayons pu évaluer l'importance des Systèmes Énergétiques Tourbillonnaires, cela ne suffit pas à tout expliquer.

À dire vrai, il y a de quoi tomber des nues : l'être humain n'a pas un seul corps mais plusieurs !

Le corps physique est notre corps le plus dense. Il a l'aspect d'un solide qui combine également des états liquides et gazeux. Il a une masse. Il est soumis à la pesanteur. Il constitue le corps de l'incarnation, c'est-à-

dire de l'information manifestée dans un espace défini comme étant tridimensionnel (hauteur, largeur et épaisseur) mais qui apparaît comme quadridimensionnel en raison d'un facteur indissociable, le temps. Ce corps est en soi le moins dynamique et réactif de tous nos corps, lesquels sont au nombre de sept. Par comparaison, les six autres sont composés exclusivement de particules et d'ondes.

Soyons encore un peu plus précis : notre corps physique sert d'habitacle à six corps de fréquences distinctes et supérieures. Nous ne devons pas nous les représenter comme des volumes ou des formes à l'intérieur de chacun d'entre nous, ce serait simpliste et totalement inexact, mais bien comme des structures vibratoires interconnectées qui gèrent des informations propres aux unes et aux autres, et tout cela dans les limites de notre organisme.

Aussi paradoxal que cela puisse paraître, c'est parce que notre corps de matière est le moins unifié, parce qu'il est le corps qui compte le plus de systèmes imbriqués et dérivés, parce qu'il est celui qui requiert le plus de paramétrages que, oui, il est la clé. Le maillage moléculaire de nos tissus, additionné à notre réseau sanguin, à notre réseau nerveux, ainsi qu'à nos divers systèmes actifs, crée un support encodé qui donne accès à des sources d'information d'une autre nature.

En résumé, l'être humain est constitué d'un corps organique qui circonscrit six corps purement énergétiques reliés chacun à une bande de fréquence équivalant à un corpus d'informations multiples.

Commençons donc par évoquer notre deuxième corps que nous appellerons notre « corps dédoublé ». Il produit *une activité à une fréquence très proche de celle de notre corps physique. Sa finalité est de servir d'interface entre, d'une part, tous les processus des plans vibratoires et, d'autre part, tous nos systèmes physiologiques. Ainsi, via notre corps dédoublé, le recours aux particules de lumière et à un protocole adapté peut contribuer au renforcement des facultés auto-immunes de notre organisme.*

Notre troisième corps est le « corps émotionnel » qui, comme son nom l'indique, correspond au système fréquentiel de nos émotions. Ce corps est extrêmement réactif ; il est relié par le canal de chaque individu à un plan vibratoire de même tendance. Cela signifie que tel ou tel état émotionnel se traduit par des informations qui alimentent instantanément la bande de fréquence correspondante.

Inversement, dès qu'une personne se met à activer une énergie s'inscrivant dans un certain spectre émotionnel, elle se relie directement à un réseau vibratoire qui peut contribuer à alimenter cet état, voire l'amplifier.

Une émotion agit comme une onde produite par la brusque variation d'un état intérieur, celle-ci entrant en résonance avec des phénomènes de signature identique. Les interactions existent quel que soit l'endroit où se trouve la personne, et donc indépendamment de la distance éventuelle qui peut séparer les pôles émetteurs. Mais plus cette personne est immergée longtemps dans un milieu saturé de certaines émotions, plus son état est impacté par cet environnement.

Qui parmi nous n'en a jamais fait l'expérience !

En outre, il est essentiel de préciser que le corps émotionnel d'un individu survit à ce même individu, car ce que nous appelons la « mort » (l'état létal) concerne exclusivement le corps organique et le corps dédoublé. Pour leur part, les autres corps énergétiques sont reliés à des champs vibratoires supérieurs, lesquels sont eux-mêmes organisés en systèmes complexes, très actifs et résistants. La permanence du corps émotionnel peut donc constituer en quelque sorte une fraction de « l'empreinte » de l'individu en question, qu'il ait vécu dans un passé récent ou lointain.

Cette caractéristique du corps émotionnel, ainsi que des autres corps vibratoires, peut s'expliquer par des facteurs d'ordre électromagnétique et quantique.

La Terre, notre planète vivante et vibrante, est emprisonnée dans une grille vibratoire, la magnétosphère, qui lui sert de bouclier contre les rayonnements dangereux en provenance de l'espace. Cela forme un vaste système actif auquel n'échappent pas le principe d'incarnation et son plan dimensionnel. Ce dernier concentre les émotions, les pensées et les informations énergétiques des êtres humains, toutes générations et toutes époques confondues, grâce à de puissants processus de compilation, de stockage et de recyclage.

Par conséquent, les divers paliers d'informations vibratoires auxquels est relié chaque individu portent les « mémoires » de ce qui a été, de ce qui est mais aussi vraisemblablement – et c'est plus grave – de ce qui sera si la majorité d'entre nous n'œuvre pas à un éveil collectif susceptible de neutraliser les segments ou les égrégores d'information étant à l'origine de situations récurrentes. Les schémas ne feront que se répéter.

On entend dire que « l'histoire se répète » mais c'est peut-être parce que les consciences n'évoluent pas beaucoup. Les mêmes causes produisent les mêmes effets...

Notre quatrième corps occupe une place centrale au sein de ce dispositif, et il faut bien admettre qu'en dépit de ses bons côtés, notamment les facultés de réflexion qu'il nous procure, il exerce fréquemment son emprise sur nous. Il s'agit de notre « corps mental » dont l'activité est très intense.

Ce corps regroupe nos pensées et, plus globalement, les informations générées par notre système cérébral, lesquelles peuvent être soit les productions conscientes de l'individu, soit les manifestations d'une sorte de « logiciel » qui formate le processus de réflexion. La logique n'est alors pas pleinement autonome ; la pensée n'est pas libre. Le cerveau subit les « fonctionnements verrouillés », les « mémoires bloquées », les « programmes cryptés » que tout individu porte en lui et qu'il réactive au cours de son existence (son incarnation dans un espace-temps) jusqu'au moment où les souffrances résultant de ces situations inscrites, de ces circonstances préfigurées, le conduisent à appréhender la réalité d'une autre manière en s'ouvrant à davantage de compréhension. Cela peut se traduire (ou pas !) par une phase d'éveil. L'individu commence à prendre conscience qu'il n'était pas vraiment lui-même mais plutôt l'instrument d'une obscure partie de lui-même ; il mesure à quel point il émettait des informations vibratoires, il rayonnait des énergies, qui lui échappaient totalement et dont les formes encodées avaient conditionné son quotidien durant des années. Il gagne en discernement et, ce faisant, enclenche la désactivation progressive de son logiciel mental négatif, programme après programme, fixation après obsession, angoisse après excès. Et de cette façon, en neutralisant les processus qui parasitaient sa lucidité, et donc son cheminement, il contribue à la réharmonisation de ses systèmes énergétiques. Il se donne les moyens d'attirer à lui des situations plus épanouissantes, plus positives. Il redevient un peu plus maître de lui-même. Il gagne en autonomie. Il recouvre son libre arbitre. Ce qui a de quoi modifier bien des choses !

Toutefois, nous ne devons pas perdre de vue que chacun de nos corps équivaut à un état vibratoire précis et constitue une entité énergétique à part entière.

Or, le système le moins dynamique (dans sa globalité) étant le corps physique, les autres corps sont échelonnés sur une courbe croissante.

De plus, les six premiers d'entre eux ont tendance à fonctionner ou à collaborer très efficacement par paire, ce qui nous donne trois principaux paliers vibratoires ayant des effets cumulés et encore un palier nettement supérieur pour notre septième corps.

Au niveau du premier palier, nous trouvons le corps physique, puis le corps dédoublé.

Au niveau du second palier, le corps émotionnel, puis le corps mental.

Ensuite, nous trouvons le « corps causal » et le « corps transcendantal ».

Nous pouvons donc comprendre que la prégnance de notre fameux « corps mental », en soi déjà très forte, est largement dominée et influencée par les informations vibratoires émanant de notre cinquième et de notre sixième corps.

Le corps causal (parfois appelé corps « karmique » dans certaines religions orientales) est la matrice vibratoire qui détermine notre incarnation en liaison avec le continuum du principe de vie, autrement dit avec le processus de perpétuation de l'information énergétique qui se transmet d'un cycle à un autre.

Nous naissons non seulement avec une codification génético-familiale mais également avec un paramétrage personnel, une masse d'informations qui provient du passé. Chacune de ces souches d'information, chacune de ces sources énergétiques, va constituer un élément de notre important « héritage » intemporel et multi-dimensionnel. Nous allons vivre et mourir, puis renaître avant de recommencer, tout cela à partir d'informations multiples, les unes négatives, les autres positives, dans un contexte vibratoire donné, et dans le respect plus ou moins grand du principe de vie.

Mais comme l'être humain est doté de capacités singulières, son corps causal va être actif en relation avec celles-ci. Et chaque acte, chaque pensée, chaque émotion va avoir des conséquences. Cela va construire une forme de réalité – une réalité d'une certaine forme – qui va s'accompagner de la mise en commun de nombreux systèmes au gré desquels circuleront des informations énergétiques de basses, de hautes ou de très hautes fréquences, elles-mêmes issues de plans vibratoires alimentés par une quantité de situations analogues, le tout desservant de puissants réseaux.

Ainsi, dans la mesure où il est le vecteur de la loi de causalité, notre cinquième corps est l'expression de notre condition humaine. Il configure notre chemin de vie. À charge pour nous, à force de passer malgré nous par des hauts et des bas, de parvenir à nous hisser à un plan de vie stable et d'élargir l'horizon de notre existence.

Cela nous ramène au modèle des cônes de lumière inversés : à une phase d'essor succède une phase de déclin qui, après un temps nécessaire d'inversion et de relance du processus, engendre une nouvelle séquence.

Il découle de ce constat qu'un ordre immanent préside à la destinée de chacun d'entre nous mais exclusivement à travers une logique de « causalité ». Les êtres et les choses coexistent par influences réciproques. Même aux confins du cosmos, le chaos est organisé ; la matière et l'antimatière se conjuguent. À notre échelle, c'est pareil.

Le passé justifie qu'il y ait aujourd'hui un présent, lequel détermine l'avenir et ses orientations.

Ce que nous avons fait jadis explique logiquement là où nous en sommes dans la perspective bien réelle de ce que nous pourrons être ou ne plus être demain !... Dès lors, il est évident que, d'une part, la notion d'espèce et, d'autre part, le principe d'évolution doivent se situer à la bonne place.

Homo sapiens porte en lui Homo luminus. L'être humain est un mutant de par le processus même de vie.

Comment chacun d'entre nous pourrait-il être autant réactif à la lumière s'il n'était pas déjà détenteur de cette information ?

En effet, si ses divers systèmes (physiologiques et vibratoires) accueillent de façon positive l'énergie prodiguée par les photons, s'ils s'en arrangent au point de bonifier leurs états, cela signifie sans conteste qu'aucun de nous n'a encore pleinement pris la mesure du nombre de problèmes que la lumière pourrait résoudre en lui et autour de lui s'il l'utilisait fréquemment et à bon escient.

Le corps humain est un matériel d'information. Et le matériau élémentaire n'est pas uniquement la chair, la matière charnelle ; le tissu constitutif n'est pas seulement cellulaire ou moléculaire. Il y a plus, beaucoup plus. Il existe d'autres sortes de nourriture.

De quoi ou de qui serait peuplée la planète aujourd'hui si la lumière n'avait pas fortement contribué au développement du processus de vie durant des millions d'années ? Qu'en serait-il de la diversité des espèces ? Du règne végétal et de la photosynthèse ? Du règne animal ? De l'évolution humaine ?

Sur la base de ce constat, il n'est pas du tout exclu que « l'éveil », ou ce que nous considérons comme tel, soit en réalité la réacquisition d'aptitudes anciennes ou de potentialités innées qui étaient neutralisées, désactivées, non opérationnelles à cause de mémoires négatives, de schémas autobloquants et de systèmes existentiels non dynamiques que nous subissions. La source d'énergie pure que constitue la lumière naturelle peut donc être l'outil performant de notre profond réveil, c'est-à-dire de notre « re-éveil ».

En suivant notre chemin véritable, en apprenant à voir sous un angle différent nos souffrances et les épreuves de l'existence, en arrivant à décrypter nos fonctionnements individuels et collectifs, nous nous affranchissons progressivement des situations « causales » générées par notre cinquième corps énergétique. Péniblement mais salutairement, nous nous émancipons. Nous déjouons l'emprise des mémoires sclérosantes. Nous accédons à un haut degré de détachement. Et ainsi, nous nous reconnectons à notre sixième corps, celui que nous appellerons le « corps transcendantal ».

Il s'agit d'un corps vibratoire qui se situe sur un plan fréquentiel encore plus élevé que celui de notre cinquième corps et où la loi de causalité n'interfère plus, de même que le temps.

Le corps transcendantal traduit un état d'harmonie de tous les systèmes énergétiques de l'être humain.

Une telle onde de paix, dont la fréquence est stable et durable, magnifie le processus multidimensionnel de l'incarnation. Elle amène l'être humain à une perception globale. Elle ouvre sur la compréhension des mystères du monde. Elle va à l'encontre des forces de dislocation. Elle unifie.

En oscillant entre quiétude et plénitude, notre sixième corps énergétique sert admirablement de relais vibratoire à notre septième corps, le « corps infini », dont la singularité du signal résonne jusqu'au noyau de chacune des cellules de notre corps physique.

Ce septième corps est l'activateur principal de nos six autres corps ; il en est le générateur vital. C'est lui qui sous-tend la multitude d'interconnexions les reliant intensément et subtilement entre eux. C'est également lui qui maintient le principe dynamique des basses et des hautes fréquences.

Notre corps infini est « la » clé, la clé entre toutes, la « clé universelle », la clé qui donne accès à tous les systèmes, celle qui communique avec tous les champs vibratoires, ou encore celle qui peut entrer en contact avec n'importe quelle grille d'information, avec n'importe quel réseau énergétique.

Voilà donc les sept corps qui répondent au processus d'incarnation des terriennes et des terriens que nous sommes !

Du plus énergétique au plus inerte, ou si nous préférons du plus ondulatoire au plus dense, nous trouvons dans l'ordre le « corps infini », puis le « corps transcendantal », le « corps causal », le « corps mental », le « corps émotionnel », le « corps dédoublé » et le « corps physique ». Force est de reconnaître que chacun d'entre nous est une entité très structurée. Une « antenne » à la fois réceptrice et émettrice.

Mais comme nous avons pu probablement nous en rendre compte, toute source d'énergie produit un rayonnement qui lui est propre. Notre étoile, le soleil, en est la parfaite démonstration.

Plus la source d'énergie est intense, plus le rayonnement (ou « aura ») est étendu. Et plus il est étendu, plus il est perceptible.

En résumé, les sept corps de l'être humain ont des auras dont l'étendue est proportionnelle à l'intensité énergétique de chacun d'entre eux.

Au-delà de notre corps de chair, de cette barrière qui résulte de l'intrication de systèmes organiques et vibratoires, il y a nos différents rayonnements de longueur d'onde distincte. Ils interagissent en permanence avec les innombrables auras qui nous environnent.

Nos corps énergétiques sont donc des sources émettrices, tandis que nos auras sont des sources propagatrices.

Nos corps émettent ou reçoivent. Nos auras diffusent ou transmettent sous la forme d'ondes de fréquences variables.

Et nous tous, les êtres humains, nous sommes à ce jour quelque sept milliards à faire ensemble la même chose, et dans ce même espace-temps que nous appelons le

« *présent* ». *Que d'informations ! Que de flux ! Que d'échanges ! Qui oserait encore nier les évidences ? Nous sommes liés les uns aux autres tous autant que nous sommes, quelle que soit la couleur de notre peau, quelle que soit la montagne d'or au sommet de laquelle nous sommes assis.*

Bien sûr, ce serait plus simple de se dire que les corps énergétiques et les auras n'existent pas, que tout cela relève d'une interprétation douteuse de la réalité. Oui. Sauf que...

Prêtons-nous à un petit atelier amusant.

Nous réunirons quelques personnes, puis nous nous rendrons dans la nature, par exemple sur un chemin forestier ou bien dans une prairie boisée, un peu à l'écart de la route et des pylônes électriques.

Chacun d'entre nous n'oubliera pas d'amener son pendule, son cadran de tendance du taux vibratoire et celui des pourcentages, mais aussi un nouvel outil très facile à fabriquer ou très bon marché, une paire de baguettes conductrices.

Ces deux baguettes pourront être en fil de fer ou de cuivre (plusieurs brins torsadés). Ou alors, nous opterons pour des tringles à rideaux, ou pour des aiguilles à tricoter, en laiton, achetées à un prix dérisoire dans le commerce.

Elles mesureront une quarantaine de centimètres de long. Toutefois, nous aurons préalablement plié chaque baguette à dix centimètres environ de l'une de ses extrémités de façon à former une poignée à angle droit avec le reste de l'axe métallique.

Il va sans dire que les plus sensibles, les plus réceptifs d'entre nous, pourront également se servir de baguettes naturelles glanées sur place parmi les branchages (en noisetier ou autre). Elles devront être fines mais pas trop flexibles.

Ensuite, l'un(e) de nous désignera un arbre, celui qui l'attirera le plus mais qui, d'une part, se situera au minimum à trente mètres de notre groupe et qui, d'autre part, offrira un angle d'approche en terrain plat et dégagé.

Ce sera à la personne qui aura désigné l'arbre de commencer le test en premier. Elle demandera aux autres expérimentateurs de se retourner afin de ne pas la voir et donc de ne pas être influencés par ses résultats. Puis une fois qu'elle aura terminé, une autre personne prendra sa place, au même endroit, au même point de départ, et ainsi de suite jusqu'au dernier d'entre nous qui ne saura donc à aucun moment ce qu'auront donné les tests précédents.

En quoi consistera ce test ?

La personne avancera lentement en fixant l'arbre. Elle tiendra les baguettes sur un plan horizontal, parallèles l'une à l'autre, une dans chacun de ses poings (sans trop serrer), et les bras tendus (sans rigidité) comme s'il s'agissait de deux antennes. À voix haute de préférence, elle ne cessera de répéter :

« Que ces deux baguettes se croisent au contact du rayonnement énergétique de l'arbre vers lequel je me dirige, merci. »

Soudain, à une certaine distance, les parties repliées (servant de poignées) tourneront légèrement dans ses mains, puis les deux baguettes s'orienteront l'une vers l'autre pour se croiser à leur extrémité.

La personne devra alors s'arrêter ; elle mémorisera sa position et choisira au sol un repère discret (caillou, racine, motte de terre, feuille morte, etc.) lui permettant de situer précisément la limite du rayonnement de l'arbre. Par ruse, elle se décalera de plusieurs mètres, puis elle demandera à l'un des autres membres du groupe (toujours occupés à lui tourner le dos) de se livrer au même exercice...

Afin de garantir davantage de neutralité, celles et ceux qui seront déjà passés essaieront de ne pas communiquer entre eux tant que tous les participants n'auront pas terminé.

Puis le temps sera venu de comparer les résultats. Et là, surprise ! Nous devrions toutes et tous constater que les baguettes se sont croisées quasiment au même endroit, dans un intervalle d'erreur de moins d'un mètre (dû à la différence de réactivité de l'antenne corporelle de chaque individu), alors que la distance nous séparant du tronc de l'arbre était supérieure à trente mètres.

Cela démontre que l'arbre rayonne une énergie, qu'il possède une ou plusieurs auras, que ce champ vibratoire est actif, que chacun d'entre nous y est sensible (sans nécessairement le percevoir), que chacun peut utiliser des outils pour le détecter, que chacun est en soi un pôle émetteur et récepteur.

Maintenant, aventurons-nous plus avant...

Chaque personne testera au pendule la tendance de son taux vibratoire. Elle notera le résultat dans un coin de sa mémoire, puis elle essaiera d'entrer de nouveau en contact avec l'énergie vitale de l'arbre mais cette fois-ci sans l'aide des baguettes. Comment va-t-elle s'y prendre ?

Elle visualisera un tourbillon de particules lumineuses de couleur or qui se propagera en elle par l'axe descendant des numéros 7, 6, 5 et 4 de ses S.E.T. et qui se scindera en deux flux opposés s'évacuant par l'avant et par l'arrière de son système numéro 4. De cette manière, les particules s'organiseront en divers courants énergétiques, lesquels circuleront en continu d'un Système Énergétique Tourbillonnaire à un autre, à l'extérieur et à l'intérieur du corps physique, en alimentant aussi bien les systèmes principaux que les systèmes secondaires et les microsystèmes.

Au bout d'une dizaine de minutes, la personne fera évoluer sa visualisation. Les flux d'énergie transitant par son S.E.T. numéro 4 s'éloigneront de son corps physique pour se déplacer dans ses auras et interagir avec les photons (ou leur rayonnement), ce qui établira une connexion (une « reliance »). Elle s'adressera alors à l'arbre de la manière suivante :

« Merci à toi, l'arbre, mon ami, de daigner me faire parvenir un peu de ta belle énergie. Que mes systèmes vibratoires et physiologiques accueillent en douceur cette force produite par la terre et le ciel qui te nourrissent. »

Elle formulera cette demande humblement, en y mettant du sens, ce que convertiront ses corps en informations ondulatoires qui parviendront jusqu'à l'arbre. Ainsi, elle émettra ; elle se reliera aux photons chargés de relayer le signal ; elle attendra la réponse énergétique qui lui sera retournée au travers des auras et des réseaux ambiants. Elle maintiendra cet échange pendant dix à quinze minutes. Puis elle stoppera progressivement la visualisation après avoir encore adressé ses remerciements à l'arbre et à tous les autres représentants du règne végétal concernés de près ou de loin par cette sollicitation humaine. Les particules de lumière se rassembleront et remonteront en tournoyant par l'axe des sphères échangeuses des S.E.T. numéros 4, 5, 6 et 7.

Il ne restera plus à chacun d'entre nous qu'à se munir de son cadran des pourcentages pour mesurer l'éventuelle variation de son taux vibratoire. En tenant compte de plusieurs paramètres, tels que le nombre de personnes que comptera notre groupe, la nature du sol et le potentiel d'énergie vitale de l'arbre, nous devrions constater une amplification réellement considérable, de l'ordre de vingt à cinquante pour cent. Cela pourra se traduire par une sensation de joie intense, d'ardeur, de plénitude ou de profonde conscience. Quelles ressources dans ce géant de sève !

Mais comme l'équité nous tient à cœur, nous tenterons à notre tour de lui offrir une partie de notre force, un aperçu de ce que nous ressentirons à son égard, peut-être une certaine forme d'amour ou de gratitude...

Nous procéderons de la même façon que précédemment. Nous testerons à distance la tendance vibratoire de l'arbre (laquelle penchera sans surprise du bon côté de notre cadran), nous réamorcerons le protocole de visualisation, nous nous relierons aux photons environnants mais, au lieu de formuler une requête, nous offrirons à l'arbre l'intention de lumière ou le sentiment positif de notre choix durant une bonne dizaine de minutes. Puis nous mettrons un terme à cette communication. Nous inverserons l'orientation des flux d'énergie, nous nous apaiserons, et enfin nous vérifierons si nous avons réussi à dynamiser davantage la sphère vibratoire de l'arbre, à lui transmettre les infor-

mations énergétiques équivalant à notre degré d'émotion, et dans quelle proportion. Chacun d'entre nous pourra comparer ses propres résultats avec ceux des autres membres de notre petit groupe.

Ce que nous aurons vécu là, cet échange de signaux entre le végétal et l'humain, nous permettra probablement de comprendre que nous aurions pu tout aussi bien vivre une expérience similaire au contact d'un rocher, par exemple un bloc de granit ou de quartz. En effet, il n'y a pas que les plantes qui allient vibrance et rayonnement. Le minéral est également un formidable matériau d'informations énergétiques... En nous lançant dans l'exploration de nos mondes intérieurs, nous ne pensions sûrement pas découvrir toutes ces pistes de connaissance.

Si Homo sapiens a beaucoup de difficulté à trouver sa juste place au sein de la nature et de l'univers, excepté dans l'appropriation sans vergogne des richesses et donc des réserves d'énergie, Homo luminus semble en revanche bien plus apte à y parvenir.

24 juin 2012

Nous nous retrouvons pour une nouvelle journée de partage, j'en suis très heureuse, d'autant que nous venons juste de franchir le solstice d'été qui constitue un puissant portail vibratoire, toujours accompagné de l'amplification de nombreux phénomènes énergétiques étant donné que notre planète occupe sa position annuelle la plus proche de notre étoile thermonucléaire, le soleil.

Accessoirement, nous devons faire attention à ne surtout pas confondre « rayonnement solaire » et

« lumière ». La science attribue au soleil plusieurs types de rayonnement parmi lesquels figure le rayonnement photonique. C'est ce dernier qui nous intéresse fortement, car à l'évidence il joue un rôle primordial dans le devenir du genre humain. D'ailleurs, en ce début de Troisième millénaire, les propriétés quantiques des particules de lumière continuent de semer le trouble dans les rangs des astrophysiciens de classe mondiale. C'est plutôt de bon augure !

Sur un autre plan, même lorsqu'il lui arrive d'être partisan du moindre effort, l'être humain reçoit quotidiennement les bienfaits des photons.

En prenant la peine d'y réfléchir trente secondes, cela signifie que l'être humain est naturellement réactif à la lumière, laquelle œuvre à son mieux-être ou à son bien-être.

La lumière est « dans la nature » de l'être humain.

Nous pouvons même dire qu'il a la lumière dans la peau. C'est physiologique. Et cela ne se voit pas seulement quand il soigne son bronzage ou quand il s'avoue friand de vitamine D.

C'est inscrit en lui. Ses systèmes internes réagissent. Ses hormones réagissent. Ses états profonds réagissent.

Et chacun d'entre nous sait désormais que les systèmes de son corps physique ne sont pas les seuls concernés. Il y a également ceux de ses autres corps.

Les photons sont des unités d'information qui sollicitent spontanément les multiples fonctions réceptrices de l'être humain.

Le processus existe. Il est pré-établi.

Alors, imaginons l'être humain davantage éveillé à ses propres potentialités, conscient des effets que la lumière produit sur lui et autour de lui, enfin résolu à inclure l'énergie photonique dans son « régime alimentaire », je dirais même, dans son régime « élémentaire ». Quelle perspective !

Depuis la nuit des temps, l'espèce humaine n'a cessé d'évoluer. Elle s'est adaptée ; elle a muté. L'Homme moderne possède-t-il aujourd'hui la maturité nécessaire à sa mutation « consciente », à sa mutation pas uniquement posturale ou génético-physiologique ? Est-il prêt à céder sa place à Homo luminus, le mutant intuitif qui sommeille en lui et qui est capable de s'éveiller à un monde autant vivant que vibrant ? Est-il disposé à faire évoluer fondamentalement son comportement ou bien, lui, le très mental Homo sapiens, est-il toujours aliéné à son entêtement ravageur ? Est-il déterminé à promouvoir un modèle d'existence positif, un mode de hautes fréquences depuis la base jusqu'au sommet de la pyramide sociale ? Ou préfère-t-il laisser la haine, sous le joug du profit, transformer sa lignée en Homo cannibalus ?

Ce n'est nullement être naïf que de croire au meilleur de l'être humain plutôt qu'au pire.

Ce n'est pas être alarmiste que de déplorer les pulsions belliqueuses et destructrices de notre espèce.

Ce n'est pas de l'utopie que de choisir d'encourager la fraternité des populations du monde face à la menace d'un embrasement généralisé.

Mais la lumière, cette énergie impalpable et d'une extrême célérité, peut-elle réellement faire le poids ? Peut-elle suffire à rééquilibrer les désordres intérieurs de l'individu qui se manifestent à l'extérieur de lui par *toutes les crises, les souffrances et les violences que l'on sait ?*

Le meilleur moyen d'en avoir le cœur net, c'est encore d'agir.

Alors, agissons.

Moi, Nurouna, qui ne suis qu'un petit bout de femme qui rêvait d'une vie de famille bien tranquille, je suis là devant vous. Je m'engage. Je ne défie personne mais convie chacun à faire l'expérience d'une nouvelle approche de l'existence. Et en plus, il n'y a rien à perdre ! On ne risque ni son âme ni son compte en banque.

Je m'engage donc à transmettre à celles et ceux que cela intéresse un protocole de réharmonisation de la totalité de leur sphère énergétique, tel que ce protocole s'est imposé naturellement à moi, et qui inclut la neutralisation des basses fréquences, la désactivation des processus négatifs ou pénalisants, ainsi que la dynamisation des systèmes porteurs. Cette méthode s'appuie entièrement sur les propriétés intrinsèques des photons.

Ainsi, moyennant un peu de notre temps, nous allons tenter d'évoluer grâce à la lumière. Nous allons essayer d'accéder progressivement à une bande de fréquence différente et, dès lors, à des réseaux d'énergie susceptibles de construire une autre forme de réalité. Mais, qu'il n'y ait aucune méprise, ceux qui sont en quête de magie vont être déçus !...

Nous aurons besoin de nous isoler dans un endroit calme durant au moins trois quarts d'heure, de préférence le matin ou en toute fin d'après-midi (pour des raisons de cycles physiologiques et de rythmes journaliers).

Assis, les pieds bien à plat sur le sol, nous nous efforcerons de garder les yeux fermés tout au long de la séance mais en évitant de nous assoupir. Attention aux paupières trop lourdes !

Nous commencerons par visualiser un vortex de lumière de couleur dorée. Les particules tourbillonneront à vive allure (dans le sens contraire des aiguilles d'une montre) au-dessus de notre tête jusqu'à l'entrée de notre S.E.T. numéro 7. Puis elles s'introduiront à l'intérieur de notre corps physique en conservant leur mouvement d'ensemble (rotatif). Elles suivront l'axe des systèmes 6 et 5. Arrivées à la sphère échangeuse du S.E.T. numéro 4, qui constitue le carrefour majeur de toutes nos circulations d'énergie, elles s'organiseront en deux flux de même intensité lumineuse mais de sens opposé. Le premier jaillira à l'extérieur de nous par l'avant, approximativement au centre de notre poitrine, et le second par l'arrière, approximativement entre nos omoplates. Précisons que les deux flux tourneront l'un à l'inverse de l'autre.

Aussitôt, ils interagiront avec les photons gravitant autour de nous. Ils généreront de nouveaux flux dont nous visualiserons les va-et-vient ininterrompus entre nos divers Systèmes Énergétiques Tourbillonnaires.

Notre corps physique nous apparaîtra donc comme une enveloppe matérielle parcourue de courants de lumière à dominante dorée. Toutes ces lignes de force tisseront une structure de boucles et d'entrelacs se faisant et se défaisant sans cesse.

Nous visualiserons alors le tourbillon de notre S.E.T. numéro 1 et, tant qu'il ne rayonnera pas uniformément de la lumière dorée ou qu'il conservera une teinte som-

bre, nous répéterons calmement dans notre tête les mots suivants :

« *Pleine ouverture et rotation naturelle. Déparasitage. Reconnexion aux énergies de lumière de haute et juste fréquence. Merci.* »

Puis nous passerons à la visualisation de notre S.E.T. numéro 2 en appliquant la même formule.

Nous veillerons à bien nous imprégner de ce que nous dirons. Nous y mettrons du sens.

En soi, ce mode opératoire nous servira successivement pour nos autres S.E.T. principaux, les numéros 3, 4, 5, 6 et 7.

Dès que l'image de ces sept systèmes circulaires de forte amplitude s'imposera à notre esprit dans la clarté ou la lumière, nous continuerons par la redynamisation de nos S.E.T. secondaires. Nous procéderons comme précédemment mais en énumérant quelques-uns des systèmes concernés, tels que nos articulations, le centre de nos mains, nos organes vitaux et nos globes oculaires.

Nous terminerons cette première phase de réharmonisation par la stimulation de nos microsystèmes énergétiques, beaucoup trop nombreux pour que nous puissions les traiter autrement que dans leur globalité. Tout en respectant chacun des termes de la formule, il nous suffira de visualiser notre corps physique constellé de minuscules tourbillons de lumière.

À ce moment-là, ce sera comme si nous avions utilisé les tourbillons de photons en guise de clés vibratoires pour déverrouiller les portails d'entrée et de sortie des flux d'énergie au sein de notre corps physique.

Nous comprendrons donc que notre corps de matière – connecté aux divers plans vibratoires de nos six autres *corps* – délimite un espace organique qui n'est pas concerné uniquement par des échanges physico-chimiques mais aussi par des informations ondulatoires que produisent continuellement les puissants phénomènes lumineux.

Nous poursuivrons la méthode par la visualisation d'une sphère au centre de laquelle nous nous représenterons (nous nous « verrons ») en entier et debout. Cette sphère sera comme une grosse bulle d'air mais toute blanche.

Nous visualiserons un large rayon de particules dorées qui commencera à parcourir notre corps physique de la tête aux pieds, d'abord lentement puis de plus en plus rapidement pour en arriver à une fréquence de balayage élevée, alternativement de haut en bas et de bas en haut, que nous n'interromprons pas tant que la couleur or (et donc sa longueur d'onde) ne s'imposera pas d'elle-même à notre esprit et qu'elle ne se sera pas substituée au blanc de la sphère.

Dans le même intervalle, nous répéterons :

« Déparasitage de tous les systèmes et de tous les réseaux de mon corps physique. Désactivation des mémoires de souffrance. Reconnexion aux énergies de lumière de haute et juste fréquence. Apaisement. Réharmonisation durable. Merci. »

Puis la méthode deviendra une réitération.

Nous passerons à notre deuxième corps, que nous avons appelé notre « corps dédoublé », en visualisant une nouvelle sphère blanche qui remplacera la première et qui aura un diamètre légèrement supérieur. Nous nous représenterons un volume rectangulaire (un parallélépipède rectangle) en position verticale à l'intérieur de cette sphère et quasiment de la même hauteur. Cette forme équivaudra symboliquement à notre deuxième corps. Nous procéderons alors de la même façon que précédemment : rayon doré, balayage et formulation consciente jusqu'au moment où le volume rectangulaire deviendra à son tour de couleur or.

Nous nous y prendrons de cette manière pour chacun de nos cinq corps restants, le corps émotionnel, mental, causal, transcendantal et infini. La sphère sera à chaque fois un peu plus grande que la précédente, ce qui signifiera que nos corps seront reliés à des plans vibratoires graduellement différents les uns par rapport aux autres.

Au terme de cette série, la seconde phase de notre réharmonisation se conclura par une nouvelle visualisation. Nous tenterons de nous représenter tous les sept volumes de couleur dorée en train de s'encastrer puis de se fondre les uns dans les autres pour ne plus en former qu'un seul, logiquement le plus grand, c'est-à-dire celui assimilé au corps infini.

Nous ne perdrons pas de vue que le format n'a pas ici d'autre valeur que de servir de « marqueur » du plan vibratoire auquel est relié le corps concerné.

La visualisation constitue la modélisation subjective de ce qu'il se passe dans la réalité.

Nos divers corps énergétiques ne s'emboitent pas les uns dans les autres tels des objets gigognes. Cette comparaison ne saurait être satisfaisante. Pour mieux comprendre, considérons le corps physique comme un poste de radio.

À l'intérieur, il y a des composants à base de divers matériaux (l'équivalent de notre corps de matière avec nos os, nos tissus, nos organes et nos substances). Grâce à des fonctionnalités particulières, le poste de radio peut recevoir des informations (musicales ou autres), puis il peut les restituer, les émettre avec plus ou moins de puissance. Pourtant, dans l'appareil, il n'y a qu'un assemblage d'éléments solides. Mais ces éléments, actifs et conducteurs, vont permettre à l'auditeur de sélectionner une fréquence précise pour capter le contenu des ondes porteuses.

Bien évidemment, selon nos envies ou nos humeurs du moment, nous nous relierons à telle ou telle bande de fréquence. Et l'information distillée aura tendance à influer sur nos pensées ou nos émotions.

Par conséquent, la visualisation de volumes géométriques à la place de nos corps énergétiques est purement facilitatrice. Dans la réalité, ces six corps sont immatériels, impalpables, invisibles mais leur présence est incontestable. Le chanteur que nous écoutons n'est pas replié en dix à l'intérieur du poste de radio, cependant il est bel et bien là par sa voix et par ce qu'elle véhicule sur le plan vibratoire...

Tout est énergie. Tout est émission-réception et réception-émission. Tout n'est qu'échange. Tout n'est que flux d'information.

Reprenons donc le cours de notre réharmonisation. La troisième et dernière phase va nous amener à nous intéresser à nos auras, les rayonnements plus ou moins étendus de nos sept corps.

Nous ne nous imaginerons plus au cœur d'une sphère, bien au contraire ! Nous essaierons de nous sentir pleinement ici et maintenant. Les yeux toujours clos, nous visualiserons plusieurs ondes concentriques de lumière *dorée qui sortiront de notre corps physique et se propageront aux alentours dans un rayon de plusieurs kilomètres (une large zone que nous pourrons délimiter grâce à des repères géographiques qui nous sont familiers).*

Encore une fois, cette distance n'est qu'indicative ; elle peut varier selon le degré d'activation des corps énergétiques de chacun d'entre nous. Pour mémoire, les auras de nos corps sont proportionnelles à leurs fréquences vibratoires. Plus un corps est relié à un plan élevé, plus il rayonne loin...

Nous visualiserons ces vagues d'onde le temps nécessaire, à savoir jusqu'à ce que nous ayons l'impression de percevoir la tonalité dorée tout autour de nous. Dans la pratique, cela devrait prendre cinq à dix minutes durant lesquelles nous répéterons posément la formule qui suit :

« Déparasitage de mes rayonnements, ainsi que de toutes les bandes de fréquence concernées. Neutralisation des éventuelles informations négatives qui partent de moi ou qui arrivent jusqu'à moi. Reconnexion aux énergies de lumière de hautes et justes fréquences. Réharmonisation globale. Merci. »

Nous aurons alors appliqué la quasi totalité du protocole. Il nous restera juste à activer une ultime visualisation qui servira à conjuguer les effets des trois différentes phases.

Chacun d'entre nous se représentera sous l'aspect d'un pôle de lumière dorée, premièrement au travers de ses Systèmes Énergétiques Tourbillonnaires tous ouverts et dynamiques, deuxièmement au travers de son corps organique complété de ses six autres corps, et troisièmement au travers de sa vaste sphère de rayonnement. Ce sera le moment d'exprimer une intention claire, positive, du style :

« Merci à vous, les particules de lumière, et merci à vous, mes multiples systèmes, de m'aider à m'apaiser et à redonner du sens à mon existence. J'ai pris conscience que je peux davantage être l'acteur de mon bien-être. »

Puis doucement, chacun rouvrira les yeux. Et s'il le souhaite, au bout de quelques minutes, il pourra se saisir de son pendule pour tester la tendance de son taux vibratoire. Mais gageons qu'il n'aura pas vraiment besoin de le faire, car ses sensations seront des plus parlantes.

En moyenne, combien de temps les effets d'une complète réharmonisation restent-ils actifs ?

Objectivement, cela dépend de ce que nous vivons au quotidien. Néanmoins, si nous sommes plongés dans une situation affective, mentale, morale, sentimentale ou physique très douloureuse, je préconiserais une auto-séance toutes les quarante-huit heures, et au moins une fois par semaine dans un cas de fatigue « ordinaire ». Plus nous régulons nos états vibratoires, plus nous les amenons à un état de stabilité durable. Cela développe l'adaptation de nos systèmes à des fonctionnements de haute fréquence. Les énergies photoniques amplifient les phénomènes de conscientisation des choses. Progressivement, nous nous sentons davantage en phase avec nos propriétés existentielles.

Mais si pour une raison ou pour une autre nous ne sommes pas capables de réaliser ces séances par nous-mêmes, par exemple parce que nous ne parvenons pas à visualiser correctement des particules de couleur dorée, rien ne nous empêche de demander à une personne de *confiance de le faire pour nous. À la stricte condition de lui en donner l'autorisation, elle pourra procéder à notre harmonisation, y compris à distance, qu'elle se tienne à un mètre comme à mille kilomètres.*

Le mode opératoire est toujours aussi simple : la personne commence par effectuer sa propre réharmonisation (contribuant au déparasitage de ses systèmes vibratoires), ensuite elle visualise des flux de photons à l'extérieur d'elle-même et auxquels elle se relie, puis elle les « charge », les encode des informations qui correspondent aux trois phases du protocole au nom de celle ou de celui qui a sollicité son aide, enfin elle désactive la connexion dès qu'elle a terminé d'appliquer l'ensemble de la méthode.

Les informations émises par cette personne auront suivi quels circuits vibratoires ? Ceux des réseaux de lumière au long desquels les particules se distinguent par leur célérité fulgurante.

Magique ? Non.

Énergétique ? Oui.

Homo luminus ne vit pas sur une autre planète. Il est ici. En chacun de nous.

15 juillet 2012

Depuis des mois que nous cheminons ensemble, j'ai pu mesurer combien mes paroles pouvaient parfois s'avérer dérangeantes pour un certain nombre d'entre vous. Je vous prie sincèrement de bien vouloir me pardonner cette maladresse.

Mais peut-être aussi que vos réticences ou vos inquiétudes vous auront aidés à franchir un cap en constituant le terreau de votre curiosité. Peut-être cela vous aura-t-il amenés à bousculer les schémas établis.

Si c'est le cas, je serais heureuse que, vous et moi, nous consacrions cette journée à en parler en toute franchise. Je suis à votre disposition pour que nous explorions ensemble les zones de mon discours qui vous paraissent encore obscures ou trop déstabilisantes. Qu'aimeriez-vous savoir ? N'hésitez pas à aborder les questions qui fâchent...

Patricia (37 ans, secrétaire-comptable) :

- Personnellement, je te remercie du fond du cœur pour tout ce que les ateliers de lumière m'ont appris. Le protocole de réharmonisation que tu nous as transmis me fait beaucoup de bien, mais il est assez technique. Tout le monde n'est peut-être pas capable de rester concentré aussi longtemps ou de réussir à visualiser autant d'éléments. Comment Homo luminus pourrait-il exister si en Europe, en Afrique, en Asie ou ailleurs des populations entières n'ont pas accès à cet enseignement, ou si elles ne parviennent pas à appliquer cette méthode parce que celle-ci ne correspond pas à leur conception du monde ?

- En fait, je crois que chaque serrure possède sa clé. Il n'y a pas qu'une seule et unique méthode, qui serait la panacée, mais une multitude. Toutes ces méthodes sont des clés différentes. Elles débouchent sur le même résultat : ouvrir ce qui était fermé, libérer ce qui était réprimé, révéler ce qui était caché, laisser s'épanouir ce qui se mourait.

Dans la nature, au sein de l'univers qui nous environne, la lumière interagit spontanément avec le processus de vie et avec tous les systèmes qui en découlent. Que je sois un individu pauvre ou riche, athée ou croyant, analphabète ou surdiplômé, enfant ou adulte, brutal ou doux, généreux ou cupide, les photons suivent leur trajectoire en produisant leur quantité d'énergie. J'y serai plus ou moins sensible, j'en aurai plus ou moins conscience, mais la lumière aura inévitablement une incidence sur moi.

Il ne s'agit donc pas ici pour chacun d'entre nous de vouloir que l'être humain change absolument. Peut-être même ne s'agit-il pas d'espérer qu'il vienne à changer. Il s'agit seulement de dire que le brave Homo sapiens n'est pas uniquement une effroyable « engeance de destruction massive »...

Que nous y adhérions ou non, nous avons collectivement une autre opportunité d'avenir que l'exploitation de l'Homme par l'Homme ; nous avons un autre potentiel. Quel que soit notre degré de culture. Quelles que soient nos origines.

Bien sûr, une adolescente qui survit dans un bidonville n'aura probablement jamais recours à la visualisation de particules de lumière ; hélas, l'urgence de sa situation nécessitera des outils plus concrets ou radicaux. Pourtant, cela ne l'empêchera pas de détenir au plus profond d'elle-même l'information photonique. Pour elle, cela se traduira peut-être par sa faculté à s'émerveiller devant la beauté d'une fleur sauvage qui réussit à pousser au milieu des immondices jonchant le sol de son quartier déshérité. Ce sera une clé, une toute petite clé, qui l'aidera déjà à subir un peu moins, un tout petit peu moins, la désespérance liée à sa condition.

Chacun d'entre nous a sa propre équation existentielle à résoudre. Et au stade actuel de la civilisation humaine, c'est rarement facile pour la grande, la très grande majorité d'entre nous. La société dans laquelle nous nous débattons repose beaucoup trop sur les injustices et la cruauté. C'est pourquoi, si nous le pouvons, nous devons être des acteurs du changement. Des êtres d'évolution. Des mutants constructeurs.

Maryvonne (64 ans, commerçante à la retraite) :

- Merci pour tout, Nurouna. Je rebondis sur la question de Patricia pour te demander si le protocole de réharmonisation est adaptable à une personne non-voyante de naissance, et si oui, comment.

- Une personne atteinte de cécité congénitale est un cas particulier qui mérite toute notre attention, à nous autres, les bienvoyants. J'éprouve un profond respect à l'égard de mes sœurs et frères les humains dont l'incarnation s'accompagne d'un handicap cognitif ou physique. Quelle leçon de courage ils nous donnent chaque jour ! Quelle démonstration d'adaptabilité ! Combien d'entre nous ont tendance à se plaindre dès que quelque chose ne tourne plus rond dans leur quotidien ?

Je vois deux réponses à apporter.

La première, c'est de solliciter l'aide soit d'un proche de confiance, soit d'un thérapeute professionnel. Cet intervenant réalisera la réharmonisation à la place de la personne aveugle dont le handicap permanent ne lui aura jamais permis de se faire une quelconque idée du prisme lumineux et de son éventail de couleurs. Comment pourrait-elle donc parvenir à « visualiser » des flux de particules semblables à des tourbillons de poudre d'or ? J'ai envie de vous dire que cette histoire d'énergie photonique est tout sauf de la poudre aux yeux...

La seconde option, c'est que la personne non-voyante devienne la propre actrice de sa réharmonisation selon le degré d'acuité de ses autres sens. Je lui conseillerai de s'assoir confortablement à l'extérieur de chez elle mais à l'ombre. Elle prendra le temps de se détendre, puis elle essaiera de percevoir très intensément l'effet de la lumière sur sa peau et au travers de son corps en se référant à l'agréable sensation de chaleur procurée par les rayons du soleil dardant à quelques dizaines de centimètres d'elle. Même si elle ne pourra pas concevoir l'aspect géométrique d'un vortex, elle se servira de son ressenti du vent et des courants d'air pour imaginer une succession de légers souffles en train de se propager à l'intérieur d'elle-même, au plus près de ses organes. En y associant une intention positive, elle réussira à dynamiser ses divers systèmes énergétiques et à les amener à interagir avec ses corps vibratoires dans une gamme de fréquences assez élevées.

Il faudra bien compter une demi-heure à trois quarts d'heure pour une telle auto-séance. Mais le mieux-être devrait s'installer assez rapidement.

Nathan (29 ans, électromécanicien) :

- *Moi, toutes ces notions d'énergie me passionnent, j'adore, mais l'autre soir, quand je suis rentré à la maison après nos ateliers et que j'ai commencé à raconter à ma compagne ce que tu nous avais transmis, notamment le protocole de réharmonisation, sa réaction a été très violente. Elle était vraiment furieuse, et elle n'arrêtait pas de crier que j'allais me faire embrigader dans une secte. Sur le moment, je n'ai pas compris pourquoi elle se mettait en colère, puis j'ai réalisé que, tout bêtement, ce que je disais lui faisait peur. Ça la paniquait. C'était trop abstrait, trop nouveau, trop improbable. C'était comme impossible. Elle avait l'impression que j'étais devenu un autre, que je m'éloignais d'elle ou qu'elle était en train de me perdre. Elle ne me reconnaissait plus.*

- Hélas, je ne comprends que trop bien ! Mais alors, qu'est-ce que tu as fait ? Comment t'en es-tu sorti ? Si ce n'est pas trop douloureux, raconte-nous...

- Comme je ne voyais pas de solution parce que ça se transformait en querelle mentale, logique contre logique, je lui ai proposé de bien vouloir accepter de me faire encore confiance pendant une heure.

Je lui ai demandé de s'assoir dans le canapé ; je me suis assis à mon tour sur une chaise en face d'elle à deux mètres environ, puis je lui ai expliqué que je n'allais pas chercher à la manipuler en exerçant une quelconque emprise sur elle. J'allais juste essayer d'appliquer le protocole afin de lui permettre de s'apaiser plus rapidement et d'avoir son propre ressenti sur ce que tout notre groupe avait découvert et expérimenté à tes côtés. Elle a eu le cœur assez grand pour me donner son accord et je l'en remercie beaucoup. J'ai donc débuté la séance de réharmonisation en utilisant les particules de lumière et les réseaux vibratoires.

Mais alors que je n'en étais même pas à la moitié de la méthode, ma compagne a fini par s'endormir sur le canapé ! J'ai continué malgré tout les différentes visualisations, ce qui m'a pris plus de temps que je ne l'aurais cru, puis j'en ai été quitte pour la réveiller en douceur. Elle a ouvert les yeux, m'a regardé fixement, et j'ai compris qu'elle n'était plus angoissée.

Depuis ce soir-là, même si nous n'en avons pas encore reparlé, je sais qu'elle y réfléchit calmement. En revanche, la situation conflictuelle que j'ai déclenchée sans le vouloir m'a donné à réfléchir.

Comment te positionnes-tu, toi, Nurouna, quand tu as des gens qui te rient au nez ou qui vont peut-être jusqu'à te traiter de sorcière ?

Y a-t-il un danger à transmettre le protocole de lumière à des gens que l'on ne connaitrait pas assez et qui pourraient l'utiliser à de mauvaises fins ?

Les méthodes de visualisation peuvent-elles être détournées pour faire subir à un individu une sorte de contrôle à distance ou pour l'assaillir d'énergies négatives par l'intermédiaire des réseaux vibratoires ?

Le protocole de réharmonisation peut-il se transformer en sortilège à cause du pouvoir des ondes et de certaines propriétés des photons ?

- Je te remercie, Nathan, car toutes ces questions me paraissent légitimes.

Concernant les détracteurs, c'est très simple, je me contente de leur rétorquer : « Essayez. Qu'avez-vous à perdre ? Faites le test. Puis observez objectivement ce qu'il se passe. Constatez si la réharmonisation a eu oui ou non des effets sur vous. Ce sera plus intelligent que de dénigrer systématiquement tout et n'importe quoi. »

Ne soyons pas naïfs : il existera toujours des gens qui affirmeront que ce qui est blanc ne l'est pas puisque, à leurs yeux, c'est noir ! On peut imaginer à quel point leur quatrième corps, le corps mental, est cloisonné et ce qu'ils subissent dans leur incarnation sans en avoir conscience. Sans oublier tout ce qu'ils font subir aux autres !

Au jour d'aujourd'hui, ici et maintenant, en France, pays des droits démocratiques, la liberté de pensée et la liberté d'expression demeurent inaliénables. Mais quel traitement me serait réservé, à moi, la fille d'immigrés irakiens, si je me retrouvais sous d'autres drapeaux, totalement démunie, livrée à moi-même ou aux seules propriétés des particules de lumière ?

Par comparaison, ce que je fais ici, ce n'est rien ou vraiment très peu. Ce serait autrement plus difficile et extrêmement plus dangereux ailleurs. Il n'y a que trop de victimes, enfants, femmes ou hommes, pour en témoigner presque partout dans le monde.

Donc, soit j'ai peur, soit j'assume qui je suis.

Homo luminus est là, présent dans les veines du puissant Homo sapiens, présent dans ses gènes, présent dans ses potentialités.

Si l'immaturité fratricide doit continuer à l'emporter sur l'éveil, ce sera notre lot ; il faudra l'accepter. On ne peut pas changer le cours d'une marée montante. C'est le collectif qui décidera ; c'est la tendance la plus forte qui l'emportera. L'énergie majoritaire.

Alors, je communique, je transmets, je fais circuler les informations.

Mais quelle opinion chacun d'entre nous doit-il avoir de ce qu'il est en train de vivre ici ? Que doit-il penser de lui ?

Doit-il se considérer comme un privilégié ?

Est-il désormais un initié qui ne se sentira plus jamais vraiment à sa place dans la masse ?

Doit-il estimer qu'il appartient désormais à une élite ?

Rien de tout ça, me semble-t-il.

Quand nous nous sommes tous rencontrés pour la première fois, nous ne nous connaissions pas mais quelque chose qui était à l'intérieur de chacun d'entre nous a permis que nous nous réunissions afin de repousser ensemble les limites de notre quotidien.

Je vous ai fait confiance ; vous m'avez fait confiance. Je vous ai transmis des méthodes susceptibles de contribuer à votre mieux-être. Je vous ai amenés à appréhender les processus de lumière. Nous nous sommes encore plus rapprochés les uns des autres à travers notre part mutante. Nous nous sommes groupés autour de l'énigmatique Homo luminus. Mais au final, ai-je bien fait ?

Peut-être ai-je remis entre les mains de quelques-uns d'entre vous un sceptre de pouvoir au lieu d'un salutaire protocole de réharmonisation ?

N'aurais-je pas mieux fait de m'abstenir ?

Après tout, le doute est permis, non ?

Le problème, voyez-vous, c'est qu'il n'y a pas que le positif. Les forces négatives ne nous ont pas attendus, ni vous ni moi, pour être à l'œuvre.

Ces énergies-là, manipulatrices, destructrices, totalitaires, elles existent. Elles sont le pendant, le contrepoids des forces positives. Elles sont antinomiques. Et à l'échelle cosmique, en interagissant avec les éléments qui les entourent, elles ne font rien de mal.

Dans un jeu permanent, les tendances fluctuent. Le négatif et le positif se neutralisent mutuellement. Les réseaux tendent à l'équilibre. Les particules s'organisent entre elles. Les états gazeux, liquides et solides s'adaptent en se modifiant. L'univers peut ainsi se résumer à une suite perpétuelle de mutations, d'additions et de soustractions, de matérialisations et d'abstractions, de valeurs ajoutées et de coefficients réducteurs. C'est un incommensurable système de cycles s'autorégulant et s'autorégénérant, où le négatif et le positif occupent pleinement leur place respective.

Lumière et ombre.

Matière et antimatière.

Et au sein de cette matrice sans bornes, il y a la vie ! Il y a même des entités énergétiques très évoluées qui sont capables de réfléchir et de ressentir...

En tant qu'être humain, si chacun d'entre nous équivaut potentiellement à une « antenne » positive, à la fois réceptrice et émettrice, il peut tout autant servir de relais à des informations négatives. Le pire, c'est qu'il peut le faire sans s'en rendre compte en subissant des mémoires anciennes d'ordre personnel ou transgénérationnel, ou bien en agissant sous l'influence de tendances extérieures très intenses qui peuvent entrer en résonance avec certains de ses propres penchants énergétiques et donc faire de lui l'instrument de situations négatives, plus ou moins préjudiciables pour lui, pour son entourage mais également pour la société elle-même.

Par conséquent, nous en arrivons à l'évocation du risque que pourrait constituer la transmission du protocole de lumière à des gens pas toujours bien intentionnés, ce qui rejoint la deuxième question de Nathan.

À mon avis, et cela n'engage que moi, il n'y a rien à craindre de ce côté-là dans la mesure où le protocole fonctionne en soi grâce aux énergies photoniques de très haute fréquence, ce qui garantit le déparasitage de tous nos systèmes et la neutralisation de toutes les informations négatives rattachées à notre sphère vibratoire.

En revanche, je serai beaucoup moins catégorique en ce qui concerne la méthode dite de « visualisation » qui, elle, doit nous interpeller. Cela fait écho à la troisième question qui vient de m'être posée.

L'application du protocole de lumière tient à une méthode qui est très basique. Je n'ai rien inventé. Mes systèmes énergétiques, dont mon système cérébral, n'ont fait que m'amener à concevoir les diverses phases de visualisation associées à la formulation idoine. Ce procédé est logique... Nous sommes loin d'une grande innovation !

Nous n'y faisons peut-être pas attention mais la visualisation est une technique utilisée très communément par notre cerveau. Lorsque nous effectuons un trajet que nous connaissons déjà, nous anticipons et visualisons le paysage avant même qu'il défile sous nos yeux.

Quand nous sommes à quelques jours, à quelques heures ou à quelques minutes d'une situation nouvelle pour nous, nous essayons de nous y voir. Nous nous projetons. Nous visualisons la scène, qu'elle soit exacte ou non.

Quand nous sommes confrontés à un problème, nous envisageons souvent plusieurs cas de figure dans l'espoir de trouver la meilleure solution, ce qui passe par une forme de visualisation.

Et quand nous pensons à quelqu'un, que faisons-nous sinon visualiser cette personne sous un certain éclairage et au cœur d'une certaine réalité ?

En conclusion, la visualisation est un fonctionnement courant, et tout dépend de quelle manière l'être humain décide de s'en servir. C'est encore une fois une question de conscience.

Si quelqu'un cible un individu précis en concentrant ses pensées et ses émotions sur lui, bien évidemment que son cerveau et toute sa sphère énergétique vont émettre des ondes chargées d'informations à destination de celui-ci. Et c'est valable également pour n'importe quelle situation. Nous émettons et recevons en permanence. Il n'y a pas seulement dans le domaine des pratiques paranormales, mystiques ou religieuses que la visualisation peut influer sur autrui ou sur le cours des événements. Chacun d'entre nous agit ainsi, et souvent à ses dépens, tous les jours. L'important, c'est de le savoir. Dès lors, on se retrouve pleinement face à son libre arbitre. On choisit ou non d'entrer comme par effraction dans la sphère privée de l'autre...

Enfin, puisque les ondes sont porteuses d'informations énergétiques, pouvons-nous devenir des jeteurs de sorts lorsque nous effectuons des réharmonisations à distance pour telle ou telle personne qui ne se sent pas capable de le faire en autonomie et qui sollicite notre aide ?

Sincèrement, si nous nous en tenons au protocole via les photons pour répercuter chaque signal jusqu'aux Systèmes Énergétiques Tourbillonnaires de la personne, puis jusqu'à chacun de ses corps, nous n'exercerons pas d'emprise sur elle et, inversement, aucune part négative ou positive d'elle-même n'en aura sur nous.

Néanmoins, j'attire votre attention sur un point : le protocole se caractérise par un phénomène d'ampli-

fication des connexions. Qu'est-ce que cela signifie concrètement ?

Toute personne à la sphère de laquelle nous nous serons connectés, tout rayonnement d'un événement passé auquel nous nous serons reliés, ou encore tout lieu plus ou moins éloigné auquel nous aurons eu accès par voie vibratoire, nous rattachera à cette source d'informations de façon durable. Même si nous ne côtoyons plus cette personne, même si nous ne sommes plus concernés par les événements évoqués, même si nous nous sommes tournés vers d'autres horizons, toutes ces connexions seront certes désactivées mais elles ne disparaitront pas. En quelque sorte, elles auront été encodées puis compilées dans notre espace de stockage que constitue notre sphère énergétique. Il pourra suffire de trois fois rien, dans des circonstances bien particulières, pour que la connexion se réactive et que nous soyons de nouveau reliés à une de ces anciennes sources d'information. Le circuit sera comme imprimé, ce qui veut dire que le chemin vibratoire par lequel transiteront les flux énergétiques n'aura pas disparu. Au moment de la première émission-réception, les particules de lumière auront contribué à convertir la connexion en une sorte de mot de passe, de segment crypté ou de clé unique. Chaque échange inclut donc sa singularité.

J'ajouterai que ce n'est pas un hasard si nous en sommes venus, nous, les Homo sapiens, à développer une société informatique, puis à user et à abuser du numérique. C'est inscrit dans nos gènes et dans nos systèmes énergétiques, lesquels sont eux-mêmes la réplique des multiples réseaux qui structurent l'univers de l'infiniment petit à l'infiniment grand.

Par essence, l'être humain est informatif. La question est de savoir ce qu'il va faire de cette dimension. La cultivera-t-il à la lumière de sa conscience ? C'est à souhaiter.

Peut-être cela lui permettra-t-il d'aller à la rencontre de ce terrien d'un autre type qu'est le mutant vibratoire sagement lové dans ses entrailles.

Catherine (49 ans, horticultrice) :

- *Tu ne nous as quasiment jamais parlé de Dieu. Pourtant, sur la planète, on compte des milliards d'êtres humains qui se disent croyants. Si ce n'est pas trop indiscret, j'aimerais connaître ton opinion personnelle à ce sujet. Quelles sont tes convictions ? Parviens-tu à concilier une explication énergétique de la vie et la notion du divin ?*

- *Tu as raison, si nous prenons un peu de recul, l'individu révèle une forte propension à la spiritualité. Est-ce un de ses penchants ou sa véritable essence ?*

Depuis la Préhistoire, Homo sapiens a développé différents cultes, notamment en hommage aux forces incontrôlables de la Nature ou à certains mystères, tels que ceux de la fertilité et de la maternité. Il s'est entouré d'une multitude de divinités protectrices.

J'en parle en connaissance de cause, car l'Irak d'aujourd'hui correspond au foyer de peuplement de l'ancien royaume sumérien. Et à l'époque, il y avait pléthore de dieux et de sous-dieux, parmi lesquels des géants qui auraient régné durant des milliers d'années sur les humains, cette grouillante progéniture créée pour les servir... Triste tableau !

Encore une fois, je suis consciente que mes paroles peuvent s'avérer perturbantes. Je vous demanderai donc de les relativiser. Nous ne faisons qu'échanger entre nous. À chacune et à chacun de se forger sa propre opinion...

Ensuite, si j'évoque mes convictions, je suis effectivement née en Irak, ainsi que mes parents et mes frères, mais vous devez savoir que je ne me considère pas plus sumérienne que n'importe qui. Pour quelles raisons ? Parce que je crois en la permanence des flux d'information et en leur redistribution. Autrement dit, je crois dans la migration de l'entité énergétique que l'on appelle « l'âme », puis en sa réincarnation.

Par conséquent, dans l'espace-temps auquel équivaut chaque existence, il existe deux courants énergétiques, deux sources principales, qui se combinent : d'une part, il y a l'information vibratoire compilée au fil des vies antérieures et, d'autre part, il y a le sang, ce liquide vital au fonctionnement physiologique de l'organisme mais aussi porteur d'éléments codifiés, j'ai nommé les gènes.

C'est donc un fait : je suis née en Irak, j'ai des liens sanguins et civilisationnels avec mes parents, et à travers eux avec une lignée donnée que j'appelle pour simplifier « mes ancêtres ». Mais en raison du principe de réincarnation, mon âme n'a peut-être jamais habité le corps d'une ou d'un sumérien. Peut-être même ai-je vécu jadis dans la peau d'une prêtresse ou d'un guerrier qui était l'ennemi juré de Sumer...

L'âme migre, incarnation après incarnation, et tout au long de ce long voyage jalonné d'expériences diverses, elle n'a cure de sa nationalité.

Libre à chacun de défendre l'antériorité de ses liens de sang, et d'y associer la dimension divine qu'il souhaite, mais en ce qui me concerne je crois que l'être humain ne se réduit pas à sa banque génétique. Le processus d'incarnation est pluriel.

L'authentique identité d'un individu, quelles que soient ses origines, ne tient probablement pas à sa seule généalogie, aussi importante soit-elle.

L'héritage de notre espèce n'est-il qu'une forme de clonage cellulaire ?

L'évolution du genre humain répond-elle uniquement à la logique qui coule dans nos veines ?

Le processus existentiel n'est-il que le rejeton d'un vulgaire plasma organique ?

Le corps physique, c'est le véhicule qui permet aux informations énergétiques de circuler sur le plan le plus dense, celui de la matière, en interaction avec les autres plans.

Je peux me tromper, mais quelque chose me dit que si l'être humain arrive à apaiser ses états de souffrance en prenant davantage conscience de sa nature vibratoire, alors Dieu n'occupera plus la même place.

Cela ne signifie absolument pas qu'Homo sapiens est appelé à proscrire Dieu de son quotidien mais au contraire que sa foi va prendre une nouvelle dimension en gagnant en intériorité.

Le divin dépend souvent du plan sur lequel se débat l'individu ou de la condition que ce dernier considère être la sienne.

Un homme qui se retrouve prisonnier sous les décombres d'un immeuble à la suite d'un bombardement ou d'un tremblement de terre va-t-il prier Dieu de la même manière que s'il se rendait à un gala de charité ?

Dans l'absolu, ce devrait être le cas, mais en réalité...

Si l'on considère que le principe divin est présent en toute chose, Dieu n'a pas à veiller seulement sur nous, les Homo sapiens, mais également sur tout ce qui existe aux confins des galaxies gravitant au-dessus de nos têtes.

Dans quel état de crédulité nous complaisons-nous lorsque nous attendons de Dieu qu'Il soit à notre chevet ?

Le divin est-il supposé se tenir à la disposition de l'humain ?

A contrario, l'humain est-il si foncièrement mauvais qu'il ne pourra jamais concevoir de s'adresser à Dieu autrement qu'à genoux ?

À qui ou à quoi adressons-nous véritablement nos suppliques ?

N'oublions pas que les réseaux vibratoires existent.

N'oublions pas que notre planète tourne sur elle-même dans une révolution perpétuelle, et que cette rotation s'accompagne de l'activation d'un puissant bouclier électromagnétique dont le revers de la médaille est d'exercer une emprise sur le champ des réseaux terrestres.

N'oublions pas que les émotions et les pensées demeurent des flux d'information non périssables. Ces énergies sont réparties sur différentes bandes de fréquence. Certaines formes de ces énergies, d'intensité supérieure, peuvent s'organiser en structures extrêmement actives que l'on qualifiera alors d'entités « intelligentes ». Ces agrégats vibratoires, ou égrégores, interfèrent avec la réalité tangible des êtres humains.

En accumulant des états de violence et de souffrance depuis des millénaires, Homo sapiens alimente malgré lui ces systèmes fréquentiels dont les énergies négatives ne cessent de croitre.

En définitive, plus le temps passe, plus l'être humain renforce les barreaux de sa prison électromagnétique. Il crée ses enfers. Il parasite les plans vibratoires ; il les sature d'informations aliénantes qui interagissent avec ses différents corps, notamment le corps causal, ce qui lui facilitera de moins en moins la tâche dans sa quête existentielle.

Non seulement ce sera de plus en plus dur de construire une société harmonieuse à cause d'un effet cumulatif, mais la notion du divin perdra aussi beaucoup de sens.

Franchement, je ne trouve pas cette perspective très réjouissante... C'est pourquoi je préfère vous parler de « lumière ». Et j'insiste sur ce terme, car depuis le début de nos rencontres, j'évoque avec vous les bienfaits de la lumière naturelle et non ceux du soleil. La nuance est de taille !

Si nous étudions objectivement l'histoire, dont le grimoire est rempli aux trois quarts par le sombre passé de l'humanité, que constatons-nous ?

Toutes les anciennes civilisations qui ont pratiqué le culte du soleil ont sombré dans la démesure, le faste, le pouvoir hégémonique, l'absolutisme politico-religieux, les rites sanglants, le sexe à outrance, les dérives idéologiques...

Ce n'est pas un acte anodin que de se livrer à l'adoration de ce qui, rappelons-le, constitue une méga-centrale nucléaire. Nous parlons bien ici de la source d'énergie la plus puissante de tout notre système solaire, à juste titre défini comme tel. Ayons bien conscience que *notre étoile « crache le feu ». Prudence ! On comprend mieux comment et pourquoi certains hauts personnages, servis par un système reposant sur des milliers et des milliers d'adeptes comme autant d'ardentes « antennes » canalisatrices de ces flux énergétiques, se sont sentis pousser des ailes. Ils ont eu l'impression d'être investis des forces du soleil. Ils se sont appropriés le privilège de faire la pluie et le beau temps. Ils ont régné sans partage sur leurs administrés.*

Cela démontre encore une fois à quel point l'être humain, pourvu de facultés bien spécifiques, doit faire attention à quoi il se relie et de quelle manière il s'y prend.

L'incarnation requiert lucidité et maturité. Aussi ne confondons pas religion et idolâtrie, foi et fanatisme. Le divin se situe nécessairement sur un plan qui échappe aux armées de tous ordres. Ou alors, c'est que l'on assimile Dieu à un bras vengeur, à une sorte d'autorité paternaliste, forcément masculine, de préférence barbue et virile, qui promet l'éternité à grands coups de tonnerre. Le parfait portrait-robot de la tyrannie !

Si Dieu existe, Il ressemble probablement davantage à « La » singularité, c'est-à-dire à ce que je définirais en pesant mes mots comme « La source d'énergie multidimensionnelle de signature unique ».

Les particules de lumière portent en elles l'écho de cette information qui défie l'espace et le temps. Elles occupent une place essentielle au cœur du dispositif de l'univers.

Le soleil, pour sa part, constitue un gigantesque brasier. C'est l'équivalent d'un réacteur : un faiseur et défaiseur de cycles. S'il permet le développement de la vie à bonne distance, il sait également semer la mort.

Cyndie (30 ans, mère au foyer) :

- Moi, j'avoue que je me sens un peu perdue. J'ai plein de questions qui m'assaillent, par exemple au sujet de ceux que nous appelons nos « anges gardiens » et nos « guides ». Existent-ils vraiment ? Sont-ils bienveillants ? Ou bien ne sont-ils pas du tout ce que nous croyons ? Et toutes nos prières, toutes nos intentions, toutes nos méditations, toutes nos pensées positives, où vont-elles ? Y a-t-il seulement quelqu'un ou quelque chose qui soit à l'écoute ? Ou bien sommes-nous immanquablement seuls avec nous-mêmes ? Mais alors, nos défunts, dans tout ça, où se trouvent-ils ? Comment leur âme parvient-elle à migrer ? Si tu pouvais éclairer un peu plus ma lanterne, Nurouna, je t'en serais très reconnaissante. Merci.

- Le mieux serait que j'illustre mes propos par un cas concret. Imaginons que nous tous, aujourd'hui, nous décidions de monter un canular sur les réseaux sociaux.

Notre mensonge consisterait à faire courir le bruit qu'après avoir étudié longuement le panthéon des divinités grecques, nous aurions identifié une déesse qui se serait nettement démarquée des autres. Dans les ouvrages de divers grands auteurs et philosophes anciens, nous aurions relevé des hommages appuyés à une certaine « Nurouna », vénérable gardienne de la vie domestique, qui aurait eu la réputation d'exaucer très souvent les vœux de ses adorateurs, ou en tout cas beaucoup plus souvent que n'y avait encore jamais consenti aucune puissance céleste.

Bien sûr, tout cela est faux. Mais chez l'être humain le besoin de croire est tel, sans parler de son gros besoin d'être heureux, que nous connaissons parfaitement, vous et moi, la suite de cette histoire : l'information se mettrait à circuler d'un réseau à un autre, de communautés d'amis en groupes d'abonnés, puis à peine quelques heures plus tard il se trouverait déjà d'honnêtes gens pour révérer la déesse Nurouna dans l'espoir d'être dignes de ses bonnes grâces. Ainsi, ils commenceraient à lui donner vie, notamment sur un plan vibratoire. Puis la conjugaison de toutes leurs prières entrainerait la formation d'une structure énergétique, d'une « forme fantôme », qui en grossissant pourrait aller jusqu'à créer un égrégore. Et si la supercherie se prolongeait, probablement que cette pseudo-divinité ne tarderait pas à prendre corps. On lui prêterait un beau visage et un drapé sensuel dans l'attente, sans doute un jour prochain, de baiser les pieds de sa statue.

Cela donne à réfléchir...

Je rejoins donc le questionnement de Cyndie : comment s'y retrouver dans le labyrinthe de toutes les croyances humaines ?

D'après les informations auxquelles j'ai pu avoir accès par mon « canal » vibratoire, je pense qu'il existe toute une hiérarchie d'entités énergétiques qui interagissent avec les flux d'information produits par les milliards d'êtres incarnés que nous sommes sur la Terre. Je pense aussi que beaucoup de ces « unités intelligentes », au croisement de différents systèmes actifs, ne sont pas indispensables mais qu'elles ont été amenées à exister parce que le corps mental et le corps émotionnel des Homo sapiens les ont spontanément créées. À la limite, si elles se révèlent bénéfiques pour l'avenir de l'espèce, pourquoi pas ! Néanmoins, elles ne doivent servir ni à entretenir ni à générer davantage de souffrance à la surface du globe sinon cela signifie qu'il y a manipulation ou méprise.

Cela pose la question de savoir si toutes les prières, toutes les intentions, toutes les informations qui sont émises à l'adresse des anges, des archanges, des saints, de tel ou tel guide ou de tel ou tel dieu, sont véritablement de nature spirituelle. Cette clarification est essentielle.

Nous pourrions nous en moquer sauf que l'ensemble de ces émissions et de ces réceptions de tous ordres et de toutes fréquences tisse un grand Tout qui n'équivaut ni à Dieu ni au Diable mais qui influence lourdement les êtres humains dans leur quotidien.

Sincèrement, je pense qu'il n'est pas exact de dire que chaque individu est « protégé » par un ange gardien ou par des présences supérieures. Je considère plutôt que chacun est « relié » à plusieurs « formes énergétiques » qui peuvent devenir les facteurs d'une dynamique globale.

Quand nous communiquons avec ces entités par nos demandes et nos prières, nous nous raccordons dans le même temps à un système multidimensionnel qui agit sur plusieurs plans. Par conséquent, ces interactions peuvent avoir des répercussions positives dans notre vie de tous les jours ou, encore plus, au moment d'une situation critique, par exemple un danger imminent, qui va alors mobiliser toutes nos connexions vitales.

Mais gardons-nous bien de généraliser. Je viens simplement d'évoquer avec vous le fonctionnement de base. Ces notions sont très délicates, car ce ne sont pas les cas particuliers qui manquent. Nous savons tous qu'il ne se passe pas une journée sans que des gens qui ne demandaient qu'à vivre heureux soient brutalement fauchés par la mort. Faudrait-il en déduire qu'ils n'étaient pas dignes de posséder eux-aussi leurs mystérieux protecteurs invisibles ?

En résumé, je suis convaincue que le principe divin existe réellement mais qu'il englobe un processus universel qu'Homo sapiens perçoit beaucoup trop partiellement et partialement. Les particules photoniques m'apparaissent comme d'excellents outils pour l'aider à distinguer le vrai du faux au-dedans et au-dehors de lui.

Thierry (53 ans, vétérinaire) :

- *J'aimerais savoir si je peux utiliser le protocole de réharmonisation en complément des soins que je prodigue habituellement ? Est-ce que les animaux possèdent eux aussi plusieurs corps ? Comment un être comme toi, qui appartient à ce que tu appelles le genre « Homo luminus », explique-t-il le développement de la vie sur notre planète, ainsi que la diversité des espèces ? Euh ! je crois que je vais arrêter-là en te remerciant...* (Rires du groupe.)

- *Hum, hum ! Après réflexion, c'est moi qui te remercie de ton manque d'intérêt flagrant...* (Nouveaux rires du groupe.)

La vie est un processus intelligent, c'est-à-dire un processus réactif qui sait s'adapter aux paramètres ambiants. Ce processus existe-t-il exclusivement sur notre planète ? Honnêtement, si c'était le cas, ce serait plus qu'une anomalie sidérale ; ce serait une aberration contraire à tous les principes de base. L'être humain se plaît à croire qu'il est unique. Comment la Terre pourrait-elle constituer la seule arche de fertilité au cœur d'un maillage qui comprend des milliards de systèmes stellaires et de galaxies massives ? La vie existe ici mais aussi ailleurs. Je pense qu'il s'agit d'un processus universel dont le développement a engendré des civilisations plus ou moins évoluées aux quatre points cardinaux de l'espace.

Sur notre planète, le processus de vie (« l'information matricielle ») a subi d'innombrables mutations. Chaleur, humidité et lumière ont fait mijoter la soupe élémentaire. Les ères se sont succédées. Il y a eu diversification, éclosions, extinctions, transformations. À maintes reprises, on a frôlé la catastrophe... De violents cataclysmes ont secoué le chaudron de l'Évolution. Et de ce vivier bouillonnant ont fini par émerger certaines espèces que l'on qualifie aujourd'hui de « dominantes ». Mais ce n'est rien d'autre qu'une affirmation en trompe-l'œil. Il suffirait par exemple que se produise demain une gigantesque explosion volcanique, suivie de l'équivalent d'un interminable hiver atmosphérique, pour que les mammifères soient menacés dans leur globalité, y compris l'Homme moderne, et que les insectes, qui ont d'ores-et-déjà colonisé tous les milieux, s'approprient le monde au rythme effréné de leurs mandibules. Manger, toujours manger, afin d'alimenter les systèmes physiologiques et ainsi perpétuer le cycle...

Il convient donc de relativiser, d'une part, ce que nous sommes et, d'autre part, la place que nous occupons actuellement au sein du règne du Vivant.

Le rôle réel que nous jouons parmi toutes les espèces qui ont essaimé sur Terre est probablement très différent de ce que nous avons tendance à imaginer. Je dirais que le curseur oscille entre surestimation de soi et sous-estimation de ses responsabilités collectives.

Si nous sommes bel et bien l'espèce que nous prétendons incarner, « la plus évoluée d'entre toutes », commençons par prendre davantage conscience des extraordinaires facultés sensorielles et vibratoires des animaux. Pour faire simple, nous distinguerons deux groupes : premièrement, celui des animaux qui, à leur stade d'évolution présent, possèdent un corps physique connecté à un corps dédoublé et, deuxièmement, celui des animaux dotés de quatre corps, à savoir le corps physique, le corps dédoublé, le corps émotionnel et le corps mental, bien que le développement de ces deux derniers soit à un degré moindre que chez Homo sapiens, en tous cas à l'heure où nous parlons, en ce début de Troisième millénaire.

En se reliant aux flux d'énergie des photons, il est donc tout à fait possible de communiquer avec certains représentants du règne animal, et de façon très claire, très perceptible, très intelligible, me semble-t-il. J'applique cette méthode assez souvent avec des chiens qui n'arrêtent pas d'aboyer ou de montrer les crocs derrière un portail ou un grillage. Cela peut prendre plusieurs minutes avant de constater les premiers effets de la visualisation, mais le changement de comportement de l'animal est manifeste. La fréquence de ses aboiements va diminuer, ainsi que son agressivité. Il va avoir tendance à se mettre assis ou à se coucher, le museau entre les pattes, le regard encore un peu noir... À chaque fois, je suis touchée par ce que traduit cet échange d'informations entre nous.

Il m'arrive aussi parfois de m'amuser à « chatouiller » vibratoirement des libellules ou des papillons qui, en ce qui les concerne, ne disposent pourtant pas d'un corps émotionnel ni d'un corps mental. En revanche, ces insectes sont extrêmement réceptifs à la lumière et aux variations de sa longueur d'onde. Cela me procure la joie d'un joli jeu d'enfant que de parvenir à entrer en contact avec eux par l'intermédiaire des réseaux énergétiques. Soit ils se laissent alors approcher de très près, soit ils entament une espèce de danse virevoltante qui dure en moyenne quelques dizaines de secondes.

Pour moi, cela ne fait aucun doute, nous pouvons communiquer avec les animaux qui nous entourent, familiers ou sauvages, pas seulement aux travers des gestes d'affection que nous leur témoignons.

Amandine (20 ans, étudiante en droit)

- Accepterais-tu, s'il te plaît, de nous expliquer de quelle manière tu t'y prends exactement pour que les particules de lumière te permettent d'obtenir à distance des informations sur un lieu, un événement ou une personne que tu ne connais pas ? Et si cette méthode est fiable, serait-il possible de s'en servir pour venir en aide à des gens qui ont des problèmes ? Je pense notamment à des cas de disparitions inexpliquées, d'enquêtes criminelles non résolues, ou de diagnostics médicaux pour lesquels cet éclairage pourrait s'avérer utile, ne serait-ce qu'à titre consultatif.

- Tes intentions sont louables, Amandine, et je t'en félicite. Nous devons néanmoins toutes et tous être bien conscients que nous abordons là un sujet délicat que certains de nos concitoyens n'hésiteraient pas à qualifier de « litigieux » ou de « délictueux », voire même de

« subversif ». Vous le savez, beaucoup de domaines demeurent encore trop tabous de nos jours. Et pourtant, nous vivons au pays des droits de l'Homme. Je vous encourage donc à garder un esprit critique envers moi, envers ce que je vous dis, mais aussi envers toute forme d'autorité abusive, qu'elle soit officielle ou non. Les élites autoproclamées, les groupes d'influence, les officines secrètes, les comités d'intimidation, les cabinets de désinformation, hélas, ça existe !

Je commencerai par souligner qu'Amandine a parfaitement raison : une méthode d'investigation digne de ce nom, basée sur les propriétés des photons, ne peut se concevoir que sur le plan *« consultatif »*.

Il est effectivement possible de réaliser ce que je définis comme étant une *« étude vibratoire »*. Mais cette minutieuse collecte d'informations, qui réussit à s'affranchir de l'espace et du temps, ne saurait constituer autre chose qu'une lecture *« optionnelle »* de la réalité.

Au départ, l'hypothèse, c'est le décryptage d'une situation inconnue.

Au final, la solution, c'est que les éléments recueillis via les réseaux énergétiques soient concordants avec la situation vécue par la personne qui a sollicité l'aide.

Par conséquent, une étude vibratoire se voudra toujours neutre. Elle ne vendra rien, et surtout pas de faux espoirs. Elle ne fera que restituer les informations captées. Si celles-ci sont justes, elles fourniront une explication globale de la situation en révélant la problématique de fond. Et très vite, par résonance, elles feront bouger les choses.

Comprenez bien que nous parlons ici d'informations porteuses d'énergies particulières qui, dès lors que nous *parvenons à entrer en contact avec elles grâce aux particules de lumière, sont soudain dynamisées.*

Une étude vibratoire sera donc toujours suivie d'effets ; elle aura des répercussions. La situation décryptée sera susceptible d'évoluer.

Cependant, j'insiste bien là-dessus : il ne faut faire aucune promesse aux gens, surtout si leur situation est grave. Ou si vous préférez : il ne faut pas leur laisser croire que vous allez leur confirmer ce qu'ils espéraient entendre. Une étude vibratoire ne sert pas à faire plaisir mais à proposer diverses informations supposées avoir été recueillies à la source. Évidemment, tant mieux si cela rend les gens plus heureux !

Sachez qu'il faut compter au minimum trois à quatre heures de travail pour rassembler toutes les informations nécessaires au décryptage d'une situation. Puis il faudra rajouter environ deux heures pour la retransmission orale, en tête-à-tête avec la personne ou par défaut au téléphone.

De fait, votre « antenne » aura d'abord été « émettrice » de vos demandes, puis elle aura été « réceptrice » des réponses via les réseaux vibratoires avant de devenir « transmettrice » en verbalisant le long compte rendu de l'étude, ce qui fera d'elle un pôle énergétique de forte intensité qui interagira avec les systèmes de la personne ou de la situation concernée.

Une étude vibratoire comprend plusieurs étapes que je respecte toujours scrupuleusement depuis que j'ai établi cette méthode il y a déjà une bonne dizaine d'années.

Premièrement, je cerne avec précision le sujet de l'étude.

S'il s'agit d'une maison ou d'un terrain, je demande à la personne l'exacte localisation du bien. S'il s'agit d'un événement ancien, je demande la date et le lieu. S'il s'agit de la personne elle-même, je lui demande sa date et son lieu de naissance, ainsi que son adresse actuelle. Ces quelques renseignements pratiques ne sont pas indispensables mais ils garantissent une plus grande fiabilité dans la mesure où ils constituent des paramètres de géolocalisation et d'identification afin que ma sphère vibratoire émette des demandes très ciblées. C'est essentiel.

En effet, si l'étude vibratoire porte sur un certain Pierre Martin que je n'ai jamais vu et qui habite à mille cinq cents kilomètres, les photons doivent être capables de ne pas se tromper de destinataire ; ils doivent relayer les informations entre cet individu et moi indépendamment de tel ou tel homonyme dont l'existence n'est pas exclue. J'inscris alors lisiblement le détail des coordonnées de ce Pierre Martin, et uniquement de celui-ci, en haut d'une page. Cela représente le maigre corpus dont vont disposer mes systèmes énergétiques pour activer les recherches.

J'utiliserai mon « ami » le pendule avec plusieurs cadrans que je me serai procurés ou que j'aurai conçus moi-même en rapport avec le sujet de l'étude vibratoire. Puis je préparerai un paquet de feuilles blanches afin de noter toutes les informations qui me parviendront.

Deuxièmement, il m'incombe de réharmoniser l'ensemble de mes Systèmes Énergétiques Tourbillonnaires, l'ensemble de mes corps énergétiques et l'ensemble de mes rayonnements.

Si je ne prends pas la précaution de déparasiter préalablement ma sphère personnelle en appliquant le protocole que vous connaissez, je pourrais être porteur d'informations énergétiques qui risqueraient brouiller les signaux en provenance de la personne ou de la situation testée.

Troisièmement, je commence l'étude vibratoire en formulant des questions claires que je demande aux photons de transférer jusqu'à la cible.

J'ai préparé le canevas de mes investigations mais je suis consciente que je ne dois pas chercher à contrôler le processus qui, tôt ou tard, va amener mon « antenne » à se relier à une information déterminante, laquelle indiquera l'axe de la suite de l'étude.

De nouvelles questions jailliront spontanément que j'émettrai en direction des réseaux vibratoires à l'appui des tests que je réaliserai avec mon pendule et mon lot de cadrans : cadran du non et du oui, cadran des pourcentages, cadran de tendance du taux vibratoire, cadran des corps ou des plans énergétiques, cadran des diverses ondes nocives, cadran des causes de dysfonctionnement des systèmes, cadran d'évaluation des mémoires transgénérationnelles, cadran des orientations existentielles, cadran des flux financiers pour le proche avenir, et beaucoup d'autres.

Précisons que ce n'est nullement le nombre de cadrans qui détermine la pertinence d'une étude vibratoire. D'ailleurs, l'expérience aidant, notre degré de réceptivité des informations s'affinera. L'usage du pendule sera de moins en moins nécessaire. Je vous assure qu'il devient possible pour un être humain de percevoir directement les réponses au travers des systèmes interconnectés de ses différents corps. C'est alors toute la sphère vibratoire de l'individu qui devient un pendule.

Enfin, quatrièmement, il me reste à retransmettre les informations obtenues à qui de droit.

Cette dernière étape est cruciale, car elle permet de mobiliser des énergies de haute ou très haute fréquence au moment de l'échange avec la personne, des énergies qui entraineront des changements non négligeables dans sa vie.

Aussi impensable que cela puisse paraître, cette méthode donne accès à des informations spectaculairement justes et cohérentes. Mais elle requiert abnégation, détachement, discipline, neutralité, paix intérieure et... calme extérieur. Dans ces conditions, est-elle adaptée à des situations d'urgence ? Est-elle compatible avec des problématiques de vie ou de mort ?

De telles questions méritent que chacun d'entre nous prenne le temps d'y réfléchir en son âme et conscience. Pour ma part, je considère qu'il n'est pas illégitime de chercher à porter une quelconque forme d'assistance à toute personne en danger.

Ne serait-ce qu'à titre consultatif...

26 septembre 2012

Qu'est-ce que la vie sinon un acte créateur ?

Par conséquent, être en accord avec le principe créateur, c'est créer, enfanter, matérialiser ce que l'on a de plus vital en soi, de plus essentiel...

Et réussir sa vie, c'est tendre à créer dans la plénitude. C'est activer durablement une énergie positive, c'est-à-dire une énergie qui construit et fédère doucement mais surement.

1ᵉʳ octobre 2012

La nuit dernière, nuit de pleine lune, des bandes de particules ont défilé à vive allure et de haut en bas dans mon cerveau, tandis que des lignes de particules d'une brillance légèrement différente mais de même célérité ont défilé de la gauche vers la droite, toujours en continu. Cela m'a réveillée et j'ai pensé aussitôt à une grille électromagnétique de haute fréquence. Puis je me suis rendormie jusqu'au petit matin.

En ouvrant les yeux, j'ai eu l'image d'un quadrillage qui était à percevoir non pas à plat, en deux dimensions, mais en relief, en trois dimensions, et indépendamment de tout facteur temporel.

Je crois qu'il s'agissait du vaste système vibratoire auquel est relié le cerveau quand il est plongé dans ses différentes phases de sommeil.

20 décembre 2012

Les autres, ceux que l'on côtoie au quotidien ou dans des situations bien précises, constituent le miroir à facettes de soi-même au travers d'un jeu de connexions subtiles dont il reste à décrypter patiemment les règles pour comprendre et réapprendre qui on est vraiment.

14 janvier 2013

Si je devais mourir demain, qu'aimerais-je laisser à mes enfants, à mes petits-enfants, et aux générations futures de l'espèce à laquelle j'appartiens, à mes sœurs et frères les humains ?

Je leur donnerais tout le peu que je possède.

Je leur offrirais les clés que j'ai trouvées tout au long de mon cheminement besogneux.

Oui, si c'était bientôt l'heure de partir, je les inviterais à oublier la cruauté, l'esclavage, la pollution, le profit et la souffrance. Je ne manquerais pas de leur dire combien je crois en eux et combien je les aime. Je n'aurais pas peur de leur ouvrir entièrement mon cœur.

J'arrêterais alors de veiller.

Je pourrais enfin fermer les yeux et m'endormir en paix.

23 juin 2013

Et si en définitive ce n'était pas « nous », les êtres sensibles, qui étions dans un processus de rejet de cette société de souffrance et d'absurdité mais la société elle-même qui ne voulait pas de nous ?

Dès lors, la société serait à considérer comme une sorte d'être vivant ou, plus exactement, comme une « entité vibrante » qui refuserait d'assimiler dans son corps énergétique des individus porteurs de fréquences susceptibles de la changer, de la faire évoluer de l'intérieur.

Ainsi, en tant que système fort, la société activerait une infinité de réseaux parasites afin de détruire ou de court-circuiter tous les êtres qui ne seraient pas paramétrés suivant la densité si particulière de la Troisième dimension.

Argent, pouvoir, drogue, sexe, corruption, violences et peurs seraient des « logiciels » instrumentalisant la majorité de la population par le biais du cerveau et de ses milliards de neuroconnexions...

Le meilleur moyen de neutraliser toutes ces énergies de mort, c'est d'activer collectivement une vibration de très haute fréquence basée sur la pleine conscience.

Je crains que les informations négatives aient encore de sacrés beaux jours devant elles !...

9 juillet 2013

On n'est jamais tout seul à faire ce que l'on fait. Il existe bon nombre de formes d'énergie qui interviennent et interagissent avec les multiples réseaux environnants jusqu'à créer un système dynamique.

L'être humain n'est peut-être donc pas aussi idiot qu'il en a l'air quand il prétend être capable de déplacer des montagnes.

Lettre morte

À la fin du courrier que m'avait adressé Nurouna se trouvait un long post-scriptum :

« Je suis consciente de vous demander un gros travail, probablement très fastidieux, dont vous ne serez peut-être pas payé en retour.

Quel poids mon témoignage aura-t-il sur la place publique ?

Mais quoi qu'il advienne, que la somme de nos efforts respectifs soit vouée ou non à rester lettre morte, je vous saurais gré de procéder de la manière que je vais maintenant vous indiquer : dès que vous aurez posté votre manuscrit, ou au contraire dès que vous aurez pris la décision de ne jamais l'écrire, daignez rassembler tous les documents que vous avez reçus, y compris ces quelques lignes plus personnelles, et brûlez-les. Ne les conservez pas ; ne les jetez pas. Brûlez-les. Veillez à vous en débarrasser par le feu. En toute sécurité, cela va de soi.

Merci d'y voir un simple processus de « transmutation » : la modification de la matière en un nouvel état sous l'effet de la chaleur. Ce qui équivaut à une sublimation au sein de notre réalité tridimensionnelle ayant des répercussions sur les plans vibratoires.

Vous mesurerez bien mieux l'importance de ma requête après avoir pris connaissance des éléments ci-joints... »

J'admets qu'à l'époque, je n'avais rien compris. Et je reconnais même aujourd'hui bien volontiers que je n'avais pas compris grand-chose à ma propre vie avant de découvrir l'histoire singulière de Nurouna et d'accepter de la relater. J'ajoute encore que je mentirais si je prétendais avoir toutes les réponses à l'énigme que constitue cette femme à mes yeux. Elle a écrit que nous

nous sommes déjà croisés, qu'elle s'est intéressée à mes modestes parutions, que mon existence ne lui est pas inconnue... Pourtant, je ne parviens pas à lui attribuer un visage. Mais si je mets en pratique ses méthodes énergétiques avec le concours des particules de lumière, mon mental s'apaise, puis je perçois quelques informations, des images furtives, toujours les mêmes, celles d'une jeune prêtresse vêtue à l'oriental qui est en pleine discussion avec un officier romain, un centurion ; de la scène se dégage une impression de profond respect entre les deux personnages. C'est peu mais, pour moi, c'est déjà beaucoup ! Cela signifierait que nous ne serions peut-être pas des étrangers l'un pour l'autre. Il existerait éventuellement des liens anciens par-delà les ponts de l'espace et du temps. Des connexions vibratoires...

Mais, sincèrement, ce n'est que secondaire.

Quiconque aura accepté d'expérimenter le protocole de réharmonisation de la façon la plus objective possible, ou de faire et de refaire les tests proposés par Nurouna, ne pourra qu'en arriver aux mêmes conclusions que moi : d'une part, Homo sapiens porte en lui Homo luminus et, d'autre part, s'il reste un être mortel sur le plan physiologique, il n'a absolument pas à concevoir cette forme de trépas comme une fin en soi, c'est-à-dire comme « la » fin définitive.

De la même façon que nous n'avons pas qu'un seul corps, notre entité énergétique ne connaît pas une seule et unique incarnation mais plusieurs.

Nous sommes des êtres multidimensionnels. Et cela change tout !

La menace d'un réel processus d'extinction se situe ailleurs, à savoir sur le plan collectif.

Si l'Homme moderne, l'Homme censé savoir qu'il est sensé, alias « Homo sapiens sapiens », n'évolue pas massivement vers un comportement plus respectueux de l'équilibre des systèmes naturels, le pire nous guette sur la planète, tous les signaux d'alerte le confirment.

Or, en dépit des circonstances qui l'accablent, l'être humain est capable du meilleur ! Au nom de quelle logique absurde ou démentielle devrait-il se résigner à n'être que l'instrument du chaos ? Ses facultés émettrices et réceptrices en interaction avec les photons, ainsi qu'avec les réseaux d'énergie, témoignent de son potentiel positif. Et au quotidien, il y a tellement de gens qui font des choses formidables ! Pourquoi choisir de laisser la tendance négative se généraliser ? En sommes-nous pleinement les acteurs ? Ou à qui, ou à quoi, donnons-nous l'autorisation de le faire à notre place ?

Je me suis amusé à faire un test en essayant au maximum d'échapper aux filtres de mon esprit. D'abord, j'ai pris une feuille blanche que j'ai découpée en vingt étiquettes rectangulaires de mêmes dimensions. Ensuite, sur chacune des dix premières, j'ai écrit un mot différent à connotation « positive » chez l'être humain – amour, bonté, conscience, douceur, épanouissement, éveil, fraternité, générosité, paix, respect – avant d'écrire sur les dix autres un mot à connotation « négative » – abus, corruption, cruauté, égoïsme, guerre, haine, hypocrisie, mensonge, soumission, violence – puis je les ai retournées une par une sur mon plan de travail, j'ai fermé les yeux, et je les ai toutes mélangées en les laissant bien à plat. J'ai alors rouvert les yeux, rassemblé les vingt étiquettes en un petit tas, puis je me suis muni de mon pendule et de mon cadran de tendance du taux vibratoire.

J'ai posé ce dernier devant moi, j'ai tenu le pendule verticalement à la bonne hauteur, j'ai de nouveau fermé les yeux tout en tâtonnant de ma main libre pour saisir l'une des étiquettes, la retourner, la déposer à proximité du cadran et commencer ainsi le test à l'aveugle. La question était :

« Quelle est la tendance du taux vibratoire de ce mot, quelle que soit la langue dans laquelle il est formulé, à l'écrit ou à l'oral ? »

J'ai laissé le pendule réagir, choisir un axe et le conserver. Au bout de quelques secondes, j'ai rouvert les yeux afin de constater l'orientation qui était la sienne et aussi afin de découvrir le mot concerné. Puis j'ai récupéré l'étiquette et je l'ai placée à ma gauche si le pendule avait indiqué un taux vibratoire insuffisant (synonyme de basses fréquences), à ma droite si le pendule avait indiqué un taux vibratoire épanouissant (synonyme de hautes fréquences), et je l'ai jetée par terre dans le cas d'un taux vibratoire satisfaisant (synonyme de fréquences moyennes). Bien évidemment, j'ai procédé de la même manière pour chacune des dix-neuf autres étiquettes.

Le résultat a été très clair : les dix mots à connotation négative ont été détectés, ainsi que les dix mots à connotation positive. Cela s'est traduit par un tas de petits bouts de papier à ma gauche, par un tas à ma droite, et aucun sur le sol. Ces deux groupes sont donc révélateurs de tendances énergétiques fortes et opposées.

Un mot, un simple mot, n'est pas anodin. Quelques lettres accolées les unes aux autres, ou quelques sons associés entre eux, cela ne crée pas seulement un mot ou une parole. Cela constitue un segment énergétique, le maillon d'une immense chaîne d'informations vibratoires... C'est une forme qui est l'écho d'une pensée ; c'est un véhicule qui aide une onde à se mouvoir dans l'espace. Par conséquent, lorsque l'être humain réfléchit, communique, écrit, parle, chante, hurle ou murmure, il n'émet pas que des signaux éphémères. Il se relie à des bandes de fréquence. Il alimente des structures actives, d'innombrables systèmes qui sont dans la plupart des cas soit porteurs, soit destructeurs. Il influe sur l'équilibre du monde, ainsi que sur la réalité de sa propre existence en devenant un élément positif, négatif ou neutre.

Les mots ne sont jamais des lettres mortes... Ils œuvrent toujours à une cause ou à une autre. Ils servent une tendance. Ils sont chargés de sens, c'est-à-dire d'une information énergétique et de sa polarité. À l'heure de la mondialisation du numérique, comment Homo sapiens pourrait-il jurer ses grands dieux que c'est faux ? Il y a des dictatures qui vacillent sous les centaines de milliers d'appels au secours que relaient les réseaux sociaux.

Les mots sont comme des actes : ils sont suivis d'effets positifs ou négatifs. Ils mobilisent des énergies. Ils mettent en application la loi de causalité.

Hélas, je crains que l'existence de Nurouna ne soit pas des plus paisibles !

Quand on irradie intensément la lumière, à travers ses actes ou ses paroles, on éclaire certes les zones d'ombre mais on déclenche également un processus d'attraction des courants contraires, lesquels se densifient.

Homo luminus n'aura peut-être pas trop de tout le Troisième millénaire pour réussir à émerger des limbes de l'évolution humaine...

Désormais, grâce à Nurouna, je le sais.

« *Je suis heureuse d'être pleinement en interaction
avec toi, la lumière,
et avec tes particules énergétiques
qui constituent la source de toute vie épanouie
dans le respect de l'équilibre universel.* »

Nurouna